January 18, 1999

What do I consider my most important Contributions?

- That I early on—almost sixty years ago—realized that MANAGEMENT has become the constitutive organ and function of the <u>Society of Organizations</u>;

- That MANAGEMENT is not "Business Management- though it first attained attention in business- but the governing organ of ALL institutions of Modern Society;

- That I established the study of MANAGEMENT as a DISCIPLINE in its own right; and

- That I focused this discipline on People and Power; on Values; Structure and Constitution; AND ABOVE ALL ON RESPONSIBILITIES- that is focused the <u>Discipline of Management</u> on Management as a truly LIBERAL ART.

Peter F. Drucker

我认为我最重要的贡献是什么？

- 早在60年前，我就认识到管理已经成为组织社会的基本器官和功能；
- 管理不仅是"企业管理"，而且是所有现代社会机构的管理器官，尽管管理最初侧重于企业管理；
- 我创建了管理这门独立的学科；
- 我围绕着人与权力、价值观、结构和方式来研究这一学科，尤其是围绕着责任。管理学科是把管理当作一门真正的人文艺术。

彼得·德鲁克
1999年1月18日

注：资料原件打印在德鲁克先生的私人信笺上，并有德鲁克先生亲笔签名，现藏于美国德鲁克档案馆。为纪念德鲁克先生，本书特收录这一珍贵资料。本资料由德鲁克管理学专家那国毅教授提供。

彼得·德鲁克和妻子多丽丝·德鲁克

德鲁克妻子多丽丝寄语中国读者

在此谨向广大的中国读者致以我诚挚的问候。本书深入介绍了德鲁克在管理领域方面的多种理念和见解。我相信他的管理思想得以在中国广泛应用,将有赖出版及持续的教育工作,令更多人受惠于他的馈赠。

盼望本书可以激发各位对构建一个令人憧憬的美好社会的希望,并推动大家在这一过程中积极发挥领导作用,他的在天之灵定会备感欣慰。

Doris Drucker

本页照片和多丽丝寄语原文与亲笔签名由彼得·德鲁克管理学院提供

德鲁克经典管理
案例解析

（纪念版）

[美] 彼得·德鲁克 著
[美] 约瑟夫·A. 马恰列洛（Joseph A. Maciariello） 修订
高增安 马永红 等译

Management Cases

(Revised Edition)

彼得·德鲁克全集

机械工业出版社
CHINA MACHINE PRESS

图书在版编目（CIP）数据

德鲁克经典管理案例解析（纪念版）/（美）彼得·德鲁克（Peter F. Drucker）著；（美）约瑟夫·A. 马恰列洛（Joseph A. Maciariello）修订；高增安等译. —北京：机械工业出版社，2019.11（2023.9重印）

（彼得·德鲁克全集）

书名原文：Management Cases

ISBN 978-7-111-63786-8

I. 德… II. ①彼… ②约… ③高… III. 管理学－案例－分析 IV. C93

中国版本图书馆CIP数据核字（2019）第221544号

北京市版权局著作权合同登记　图字：01-2009-2483号。

Peter F. Drucker, Joseph A. Maciariello. Management Cases, Revised Edition.

ISBN 978-0-06-143515-7

Copyright © 2009 by the Peter F. Drucker Literary Trust.

Simplified Chinese edition Copyright © 2020 by China Machine Press.

This edition arranged with the Peter F. Drucker Literary trust (D)/Drucker 1996 Literary Works Trust through Big Apple Tuttle-Mori Agency, Inc. This edition is authorized for sale in the Chinese mainland (excluding Hong Kong SAR, Macao SAR and Taiwan).

No part of this book may be reproduced or transmitted in any form or by any means, electronic or mechanical, including photocopying, recording or any information storage and retrieval system, without permission, in writing, from the publisher.

All rights reserved.

本书中文简体字版由The Peter F. Drucker Literary Trust(D)/Drucker 1996 Literary Works Trust通过Big Apple Tuttle-Mori Agency, Inc. 授权机械工业出版社在中国大陆地区（不包括香港、澳门特别行政区及台湾地区）独家出版发行。未经出版者书面许可，不得以任何方式抄袭、复制或节录本书中的任何部分。

本书两面插页所用资料由彼得·德鲁克管理学院和那国毅教授提供。封面中签名摘自德鲁克先生为彼得·德鲁克管理学院的题词。

德鲁克经典管理案例解析（纪念版）

出版发行：机械工业出版社（北京市西城区百万庄大街22号　邮政编码：100037）			
责任编辑：孟宪勐		责任校对：殷　虹	
印　　刷：三河市国英印务有限公司		版　　次：2023年9月第1版第9次印刷	
开　　本：170mm×230mm　1/16		印　　张：17.5	
书　　号：ISBN 978-7-111-63786-8		定　　价：89.00元	

客服电话：(010) 88361066　68326294

版权所有·侵权必究
封底无防伪标均为盗版

如果您喜欢彼得·德鲁克（Peter F. Drucker）或者他的书籍，那么请您尊重德鲁克。不要购买盗版图书，以及以德鲁克名义编纂的伪书。

| 目 录 |

推荐序一（邵明路）

推荐序二（赵曙明）

推荐序三（珍妮·达罗克）

前言

第一篇 | **管理的新现实**

案例 1　柳韩—金佰利公司的新范式：尊重人的尊严　/ 3

第二篇 | **企业的绩效**

案例 2　我们的业务是什么　/ 11

案例 3　什么是成长型公司　/ 15

案例 4　一家成功的小型跨国公司　/ 17

案例 5　医疗保健成为一个行业　/ 20

第三篇 | 服务机构的绩效

案例 6　大学艺术博物馆：确定宗旨和使命　/ 25

案例 7　美国农村发展研究所能解决印度失地贫民的问题吗　/ 33

案例 8　蒙特希里尔大学的未来　/ 50

案例 9　水博物馆　/ 53

案例 10　水资源利用委员会应该建造博物馆吗　/ 57

案例 11　满足社会服务部门日益增长的需求　/ 61

案例 12　阿丽莎州立学院的困境：能力与需求　/ 65

案例 13　医院的"产出"是什么　/ 68

案例 14　医院的成本控制　/ 71

第四篇 | 高效率的工作与有成就的员工

案例 15　工作简化与市场营销高级主管　/ 79

案例 16　陆军后勤部　/ 81

案例 17　如何分析和安排知识性工作　/ 86

案例 18　能不能学会管理下属　/ 90

案例 19　怎样为"没前途"的工作岗位配备员工　/ 93

案例 20　医院里的新培训主管　/ 96

案例 21　你是"我们"中的一员还是"他们"中的一员　/ 99

案例 22　中西部金属公司和工会　/ 102

案例 23　卡雅克空军基地的安全问题　/ 105

第五篇 | 社会影响与社会责任

案例 24　从企业形象到品牌形象：柳韩—金佰利公司　/ 111

案例 25　印第安纳州布莱尔镇的皮尔利斯淀粉公司　/ 114

第六篇 | 管理者的工作与职责

案例 26　阿尔弗雷德·斯隆的管理风格　/ 125

案例 27　林肯电气公司服务型员工和知识型员工的绩效开发系统　/ 128

案例 28　德州仪器公司的内外部目标协调　/ 134

案例 29　你能搞定你的老板吗　/ 138

案例 30　罗斯·阿伯内西与边境国民银行　/ 143

案例 31　一次失败的提拔　/ 149

第七篇 | 管理技能

案例 32　林登·约翰逊的决策　/ 159

案例 33　新来的出口部经理　/ 163

案例 34　精神失常的初中校长　/ 166

案例 35　商业决策的结构　/ 170

案例 36　企业的控制面板　/ 173

第八篇 | 创新与创业

案例 37　研发战略与商业目标　/ 179

案例 38　谁是实验室里最聪明的仓鼠　/ 183

案例39　英特尔的安迪·格鲁夫：从创业者到首席执行官　/ 188

案例40　乔达克—格雷特巴奇体内植入起搏器　/ 193

第九篇 | 管理组织

案例41　无敌人寿保险公司　/ 199

案例42　一次失败的收购　/ 206

案例43　商业银行的组织结构　/ 209

案例44　环球电气公司　/ 216

案例45　制药行业的研究协调　/ 221

案例46　暴虐专横的后果　/ 224

案例47　公司规模大有什么好处　/ 227

第十篇 | 对个人的新要求

案例48　首席执行官的职能　/ 235

案例49　德鲁克的学校改革思想　/ 238

案例50　你希望人们因为什么而记住你　/ 248

| 推荐序一 |

功能正常的社会和博雅管理
为"彼得·德鲁克全集"作序

享誉世界的"现代管理学之父"彼得·德鲁克先生自认为,虽然他因为创建了现代管理学而广为人知,但他其实是一名社会生态学者,他真正关心的是个人在社会环境中的生存状况,管理则是新出现的用来改善社会和人生的工具。他一生写了39本书,只有15本书是讲管理的,其他都是有关社群(社区)、社会和政体的,而其中写工商企业管理的只有两本书(《为成果而管理》和《创新与企业家精神》)。

德鲁克深知人性是不完美的,因此人所创造的一切事物,包括人设计的社会也不可能完美。他对社会的期待和理想并不高,那只是一个较少痛苦,还可以容忍的社会。不过,它还是要有基本的功能,为生活在其中的人提供可以正常生活和工作的条件。这些功能或条件,就好像一个生命体必须具备正常的生命特征,没有它们社会也就不成其为社会了。值得留意的是,社会并不等同于"国家",因为"国(政府)"和"家(家庭)"不可能提供一个社会全部必要的职能。在德鲁克眼里,功能正常的社会至少要由三大类机构组成:政府、企业和非营利机构，它们各自发挥不同性质的作用，每一类、每一个机构中都要有能解决问题、令机构创造出独特绩效的权力中心和决策机制，这个权力中心和决策机制同时也要让机构里的每个人各得其所，既有所担当、做出贡献，又得到生计和身份、地位。这些在过去的国家中从来没有过的权力中心和决策机制，或者说新的"政体"，就是"管理"。在这里德鲁克把企业和非营利机构中的管理体制与政府的统治体制统称为"政体"，是因为它们都掌握权力，但是，这是两种性质截然不同的权力。企业和非营利机构掌握的，是为了提供特定的产品和服务，而调配社会资源的权力，政府所拥有的，则是整个社会公平的维护、正义的裁夺和干预的权力。

在美国克莱蒙特大学附近，有一座小小的德鲁克纪念馆，走进这座用他的故居改成的纪念馆，正对客厅入口的显眼处有一段他的名言：

> 在一个由多元的组织所构成的社会中，使我们的各种组织机构负责任地、独立自治地、高绩效地运作，是自由和尊严的唯一保障。有绩效的、负责任的管理是对抗和替代极权专制的唯一选择。

当年纪念馆落成时，德鲁克研究所的同事们问自己，如果要从德鲁克的著作中找出一段精练的话，概括这位大师的毕生工作对我们这个世界的意义，会是什么？他们最终选用了这段话。

如果你了解德鲁克的生平，了解他的基本信念和价值观形成的过程，你一定会同意他们的选择。从他的第一本书《经济人的末日》到他独自完成的最后一本书《功能社会》之间，贯穿着一条抵制极权专制、捍卫个人自由和尊严的直线。这里极权的极是极端的极，不是集中的集，两个词一字之差，其含义却有着重大区别，因为人类历史上由来已久的中央集权统治直到 20 世纪才有条件变种成极权主义。极权主义所谋求的，是从肉体到精神，全面、彻底地操纵和控制人类的每一个成员，把他们改造成实现个别极权主义者梦想的人形机器。20 世纪给人类带来最大灾难和伤害的战争和运动，都是极权主义的"杰作"，德鲁克青年时代经历的希特勒纳粹主义正是其中之一。要了解德鲁克的经历怎样影响了他的信念和价值观，最好去读他的《旁观者》；要弄清什么是极权主义和为什么大众会拥护它，可以去读汉娜·阿伦特 1951 年出版的《极权主义的起源》。

好在历史的演变并不总是令人沮丧。工业革命以来，特别是从 1800 年开始，最近这 200 年生产力呈加速度提高，不但造就了物质的极大丰富，还带来了社会结构的深刻改变，这就是德鲁克早在 80 年前就敏锐地洞察和指出的，多元的、组织型的新社会的形成：新兴的企业和非营利机构填补了由来已久的"国（政府）"和"家（家庭）"之间的断层和空白，为现代国家提供了真正意义上的种种社会功能。在这个基础上，教育的普及和知识工作者的崛起，正在造就知识经济和知识社会，而信息科技成为这一切变化的加速器。要特别说明，"知识工作者"是德鲁克创造的一个称谓，泛指具备和应用专门知识从事生产工作，为社会创造出有用的产品和服务的人群，这包括企业家和在任何机构中的管理者、专业人士和技工，也包括社会上的独立执业人士，如会计师、律师、咨询师、培训师等。在 21 世纪的今天，由于知识的应用领域一再被扩大，个人和个别机构不再是孤独无助的，他们因为掌握了某项知识，就拥有了选择的自由和影响他人的权力。知识工作者和由他们组成的知识型组织不再是传统的知识分子或组织，知识工作者最大的特点就是他们的独立自主，可以主动地整合资源、创造价值，促成经济、社会、文化甚至政治层面的改变，而传统的知识分子只能依附于当时的统治当局，在统治当局提供的平台上才能有所作为。这是一个划时代的、意义深远的变化，而且这个变化不仅发生在西方发达国家，也发生在发展中国家。

在一个由多元组织构成的社会中，拿政府、企业和非营利机构这三类组织相互比较，企业和非营利机构因为受到市场、公众和政府的制约，它们的管理者不可能像政府那样走上极权主义统治，这是它们在德鲁克看来，比政府更重要、更值得寄予希望的原因。尽管如此，它们仍然可能因为管理缺位或者管理失当，例如官僚专制，不能达到德鲁克期望的"负责任地、高绩效地运作"，从而为极权专制垄断社会资源让出空间、提供机会。在所有机构中，包括在互联网时代虚拟的工作社群中，知识工作者的崛起既为新的管理提供了基础和条件，也带来对传统的"胡萝卜加大棒"管理方式的挑战。德鲁克正是因应这样的现实，研究、创立和不断完善现代管理学的。

1999年1月18日，德鲁克接近90岁高龄，在回答"我最重要的贡献是什么"这个问题时，他写了下面这段话：

> 我着眼于人和权力、价值观、结构和规范去研究管理学，而在所有这些之上，我聚焦于"责任"，那意味着我是把管理学当作一门真正的"博雅技艺"来看待的。

给管理学冠上"博雅技艺"的标识是德鲁克的首创，反映出他对管理的独特视角，这一点显然很重要，但是在他众多的著作中却没找到多少这方面的进一步解释。最完整的阐述是在他的《管理新现实》这本书第 15 章第五小节，这节的标题就是"管理是一种博雅技艺"：

> 30 年前，英国科学家兼小说家斯诺（C. P. Snow）曾经提到当代社会的"两种文化"。可是，管理既不符合斯诺所说的"人文文化"，也不符合他所说的"科学文化"。管理所关心的是行动和应用，而成果正是对管理的考验，从这一点来看，管理算是一种科技。可是，管理也关心人、人的价值、人的成长与发展，就这一点而言，管理又算是人文学科。另外，管理对社会结构和社群（社区）的关注与影响，也使管理算得上是人文学科。事实上，每一个曾经长年与各种组织里的管理者相处的人（就像本书作者）都知道，管理深深触及一些精神层面关切的问题——像人性的善与恶。
>
> 管理因而成为传统上所说的"博雅技艺"（liberal art）——是"博雅"（liberal），因为它关切的是知识的根本、自我认知、智慧和领导力，也是"技艺"（art），因为管理就是实行和应用。管理者从各种人文科学和社会科学中——心理学和哲学、经济学和历史、伦理学，以及从自然科学中，汲取知识与见解，可是，他们必须把这种知识集中在效能和成果上——治疗病人、教育学生、建造桥梁，以及设计和销售容易使用的软件程序等。

作为一个有多年实际管理经验，又几乎通读过德鲁克全部著作的人，我曾经反复琢磨过为什么德鲁克要说管理学其实是一门"博雅技艺"。我终于意识到这并不仅仅是一个标新立异的溢美之举，而是在为管理定性，

它揭示了管理的本质,提出了所有管理者努力的正确方向。这至少包括了以下几重含义:

第一,管理最根本的问题,或者说管理的要害,就是管理者和每个知识工作者怎么看待与处理人和权力的关系。德鲁克是一位基督徒,他的宗教信仰和他的生活经验相互印证,对他的研究和写作产生了深刻的影响。在他看来,人是不应该有权力(power)的,只有造人的上帝或者说造物主才拥有权力,造物主永远高于人类。归根结底,人性是软弱的,经不起权力的引诱和考验。因此,人可以拥有的只是授权(authority),也就是人只是在某一阶段、某一事情上,因为所拥有的品德、知识和能力而被授权。不但任何个人是这样,整个人类也是这样。民主国家中"主权在民",但是人民的权力也是一种授权,是造物主授予的,人在这种授权之下只是一个既有自由意志,又要承担责任的"工具",他是造物主的工具而不能成为主宰,不能按自己的意图去操纵和控制自己的同类。认识到这一点,人才会谦卑而且有责任感,他们才会以造物主才能够掌握、人类只能被其感召和启示的公平正义,去时时检讨自己,也才会甘愿把自己置于外力强制的规范和约束之下。

第二,尽管人性是不完美的,但是人彼此平等,都有自己的价值,都有自己的创造能力,都有自己的功能,都应该被尊敬,而且应该被鼓励去创造。美国的独立宣言和宪法中所说的,人生而平等,每个人都有与生俱来、不证自明的权利(rights),正是从这一信念而来的,这也是德鲁克的管理学之所以可以有所作为的根本依据。管理者是否相信每个人都有善意和潜力?是否真的对所有人都平等看待?这些基本的或者说核心的价值观和信念,最终决定他们是否能和德鲁克的学说发生感应,是否真的能理解和实行它。

第三，在知识社会和知识型组织里，每一个工作者在某种程度上，都既是知识工作者，也是管理者，因为他可以凭借自己的专门知识对他人和组织产生权威性的影响——知识就是权力。但是权力必须和责任捆绑在一起。而一个管理者是否负起了责任，要以绩效和成果做检验。凭绩效和成果问责的权力是正当和合法的权力，也就是授权（authority），否则就成为德鲁克坚决反对的强权（might）。绩效和成果之所以重要，是因为不但在经济和物质层面，而且在心理层面，都会对人们产生影响。管理者和领导者如果持续不能解决现实问题，大众在彻底失望之余，会转而选择去依赖和服从强权，同时甘愿交出自己的自由和尊严。这就是为什么德鲁克一再警告，如果管理失败，极权主义就会取而代之。

第四，除了让组织取得绩效和成果，管理者还有没有其他的责任？或者换一种说法，绩效和成果仅限于可量化的经济成果和财富吗？对一个工商企业来说，除了为客户提供价廉物美的产品和服务、为股东赚取合理的利润，能否同时成为一个良好的、负责任的"社会公民"，能否同时帮助自己的员工在品格和能力两方面都得到提升呢？这似乎是一个太过苛刻的要求，但它是一个合理的要求。我个人在十多年前，和一家这样要求自己的后勤服务业的跨国公司合作，通过实践认识到这是可能的。这意味着我们必须学会把伦理道德的诉求和经济目标，设计进同一个工作流程、同一套衡量系统，直至每一种方法、工具和模式中去。值得欣慰的是，今天有越来越多的机构开始严肃地对待这个问题，在各自的领域做出肯定的回答。

第五，"作为一门博雅技艺的管理"或称"博雅管理"，这个讨人喜爱的中文翻译有一点儿问题，从翻译的"信、达、雅"这三项专业要求来看，雅则雅矣，信有不足。liberal art 直译过来应该是"自由的技艺"，但最早的繁体字中文版译成了"博雅艺术"，这可能是想要借助它在汉语中的褒义，我个人还是觉得"自由的技艺"更贴近英文原意。liberal 本身就是自由。art 可以译成艺术，但管理是要应用的，是要产生绩效和成果的，所以它首先应该是一门"技能"。此外，管理的对象是人们的工作，和人打交道一定会面对人性的善恶，人的千变万化的意念——感性的和理性的，从这个角度看，管理又是一门涉及主观判断的"艺术"。所以 art 其实更适合解读为"技艺"。liberal——自由，art——技艺，把两者合起来就是"自由技艺"。

最后我想说的是，我之所以对 liberal art 的翻译这么咬文嚼字，是因为管理学并不像人们普遍认为的那样，是一个人或者一个机构的成功学。它不是旨在让一家企业赚钱，在生产效率方面达到最优，也不是旨在让一家非营利机构赢得道德上的美誉。它旨在让我们每个人都生存在其中的人类社会和人类社群（社区）更健康，使人们较少受到伤害和痛苦。让每个工作者，按照他与生俱来的善意和潜能，自由地选择他自己愿意在这个社会或社区中所承担的责任；自由地发挥才智去创造出对别人有用的价值，从而履行这样的责任；并且在这样一个创造性工作的过程中，成长为更好和更有能力的人。这就是德鲁克先生定义和期待的，管理作为一门"自由技艺"，或者叫"博雅管理"，它的真正的含义。

邵明路

彼得·德鲁克管理学院创办人

| 推荐序二 |

跨越时空的管理思想

20多年来，机械工业出版社关于德鲁克先生著作的出版计划在国内学术界和实践界引起了极大的反响，每本书一经出版便会占据畅销书排行榜，广受读者喜爱。我非常荣幸，一开始就全程参与了这套丛书的翻译、出版和推广活动。尽管这套丛书已经面世多年，然而每次去新华书店或是路过机场的书店，总能看见这套书静静地立于书架之上，长盛不衰。在当今这样一个强调产品迭代、崇尚标新立异、出版物良莠难分的时代，试问还有哪本书能做到这样呢？

如今，管理学研究者们试图总结和探讨中国经济与中国企业成功的奥秘，结论众说纷纭、莫衷一是。我想，企业成功的原因肯定是多种多样的。中国人讲求天时、地利、人和，缺一不可，其中一定少不了德鲁克先生著作的启发、点拨和教化。从中国老一代企业家（如张瑞敏、任正非），及新一代的优秀职业经理人（如方洪波）的演讲中，我们常常可以听到来自先生的真知灼见。在当代管理学术研究中，我们也可以常常看出先生的思想指引和学术影响。我常常对学生说，当你不能找到好的研究灵感时，可以去翻翻先生的著作；当你对企业实践困惑不解时，也可以把先生的著作放在床头。简言之，要想了解现代管理理论和实践，首先要从研读德鲁克先生的著作开始。基于这个原因，1991年我从美国学成回国后，在南京大学商学院图书馆的一角专门开辟了德鲁克著作之窗，并一手创办了德鲁克论坛。至今，我已在南京大学商学院举办了100多期德鲁克论坛。在这一点上，我们也要感谢机械工业出版社为德鲁克先生著作的翻译、出版和推广付出的辛勤努力。

在与企业家的日常交流中，当发现他们存在各种困惑的时候，我常常推荐企业家阅读德鲁克先生的著作。这是因为，秉持奥地利学派的一贯传统，德鲁克先生总是将企业家和创新作为著作的中心思想之一。他坚持认为："优秀的企业家和企业家精神是一个国家最为重要的资源。"在企业发展过程中，企业家总是面临着效率和创新、制度和个性化、利润和社会责任、授权和控制、自我和他人等不同的矛盾与冲突。企业家总是在各种矛盾与冲突中成长和发展。现代工商管理教育不但需要传授建立现代管理制度的基本原理和准则，同时也要培养一大批具有优秀管理技能的职业经理人。一个有效的组织既离不开良好的制度保证，同时也离不开有效的管理者，两者缺一不可。这是因为，一方面，企业家需要通过对管理原则、责任和实践进行研究，探索如何建立一个有效的管理机制和制度，而衡量一个管理制度是否有效的标准就在于该制度能否将管理者个人特征的影响降到最低限度；另一方面，一个再高明的制度，如果没有具有职业道德的员工和管理者的遵守，制度也会很容易土崩瓦解。换言之，一个再高效的组织，如果缺乏有效的管理者和员工，组织的效率也不可能得到实现。虽然德鲁克先生的大部分著作是有关企业管理的，但是我们可以看到自由、成长、创新、多样化、多元化的思想在其著作中是一以贯之的。正如德鲁克在《旁观者》一书的序言中所阐述的，"未来是'有机体'的时代，由任务、目的、策略、社会的和外在的环境所主导"。很多人喜欢德鲁克提出的概念，但是德鲁克却说，"人比任何概念都有趣多了"。德鲁克本人虽然只是管理的旁观者，但是他对企业家工作的理解、对管理本质的洞察、对人性复杂性的观察，鞭辟入里、入木三分，这也许就是企业家喜爱他的著作的原因吧！

德鲁克先生从研究营利组织开始，如《公司的概念》（1946年），到研究非营利组织，如《非营利组织的管理》（1990年），再到后来研究社会组织，如《功能社会》（2002年）。虽然德鲁克先生的大部分著作出版于20世纪六七十年代，然而其影响力却是历久弥新的。在他的著作中，读者很容易找到许多最新的管理思想的源头，同时也不难获悉许多在其他管理著作中无法找到的"真知灼见"，从组织的使命、组织的目标以及工商企业与服务机构的异同，到组织绩效、富有效率的员工、员工成就、员工福利和知识工作者，再到组织的社会影响与社会责任、企业与政府的关系、管理者的工作、管理工作的设计与内涵、管理人员的开发、目标管理与自我控制、中层管理者和知识型组织、有效决策、管理沟通、管理控制、面向未来的管理、组织的架构与设计、企业的合理规模、多角化经营、多国公司、企业成长和创新型组织等。

30多年前在美国读书期间，我就开始阅读先生的著作，学习先生的思想，并聆听先生的课堂教学。回国以后，我一直把他的著作放在案头。尔后，每隔一段时间，每每碰到新问题，就重新温故。令人惊奇的是，随着阅历的增长、知识的丰富，每次重温的时候，竟然会生出许多不同以往的想法和体会。仿佛这是一座挖不尽的宝藏，让人久久回味，有幸得以伴随终生。一本著作一旦诞生，就独立于作者、独立于时代而专属于每个读者，不同地理区域、不同文化背景、不同时代的人都能够从中得到启发、得到教育。这样的书是永恒的、跨越时空的。我想，德鲁克先生的著作就是如此。

特此作序，与大家共勉！

南京大学人文社会科学资深教授、商学院名誉院长

博士生导师

2018 年 10 月于南京大学商学院安中大楼

| 推荐序三 |

彼得·德鲁克与伊藤雅俊管理学院是因循彼得·德鲁克和伊藤雅俊命名的。德鲁克生前担任玛丽·兰金·克拉克社会科学与管理学教席教授长达三十余载，而伊藤雅俊则受到日本商业人士和企业家的高度评价。

彼得·德鲁克被称为"现代管理学之父"，他的作品涵盖了39本著作和无数篇文章。在德鲁克学院，我们将他的著述加以浓缩，称之为"德鲁克学说"，以撷取德鲁克著述在五个关键方面的精华。

我们用以下框架来呈现德鲁克著述的现实意义，并呈现他的管理理论对当今社会的深远影响。

这五个关键方面如下。

（1）**对功能社会重要性的信念**。一个功能社会需要各种可持续性的组织贯穿于所有部门，这些组织皆由品行端正和有责任感的经理人来运营，他们很在意自己为社会带来的影响以及所做的贡献。德鲁克有两本书堪称他在功能社会研究领域的奠基之作。第一本书是《经济人的末日》（1939年），"审视了法西斯主义的精神和社会根源"。

然后，在接下来出版的《工业人的未来》(1942年) 一书中，德鲁克阐述了自己对第二次世界大战后社会的展望。后来，因为对健康组织对功能社会的重要作用兴趣盎然，他的主要关注点转到了商业。

（2）**对人的关注**。德鲁克笃信管理是一门博雅艺术，即建立一种情境，使博雅艺术在其中得以践行。这种哲学的宗旨是：管理是一项人的活动。德鲁克笃信人的潜质和能力，而且认为卓有成效的管理者是通过人来做成事情的，因为工作会给人带来社会地位和归属感。德鲁克提醒经理人，他们的职责可不只是给大家发一份薪水那么简单。

对于如何看待客户，德鲁克也采取"以人为本"的思想。他有一句话人人知晓，即客户决定了你的生意是什么，这门生意出品什么以及这门生意日后能否繁荣，因为客户只会为他们认为有价值的东西买单。理解客户的现实以及客户崇尚的价值是"市场营销的全部所在"。

（3）**对绩效的关注**。经理人有责任使一个组织健康运营并且持续下去。考量经理人的凭据是成果，因此他们要为那些成果负责。德鲁克同样认为，成果负责制要渗透到组织的每一个层面，务求淋漓尽致。

制衡的问题在德鲁克有关绩效的论述中也有所反映。他深谙若想提高人的生产力，就必须让工作给他们带来社会地位和意义。同样，德鲁克还论述了在延续性和变化二者间保持平衡的必要性，他强调面向未来并且看到"一个已经发生的未来"是经理人无法回避的职责。经理人必须能够探寻复杂、模糊的问题，预测并迎接变化乃至更新所带来的挑战，要能看到事情目前的样貌以及可能呈现的样貌。

（4）**对自我管理的关注**。一个有责任心的工作者应该能驱动他自己，能设立较高的绩效标准，并且能控制、衡量并指导自己的绩效。但是首先，卓有成效的管理者必须能自如地掌控他们自己的想法、情绪和行动。换言之，内在意愿在先，外在成效在后。

（5）**基于实践的、跨学科的、终身的学习观念**。德鲁克崇尚终身学习，因为他相信经理人必须要与变化保持同步。但德鲁克曾经也有一句名言："不要告诉我你跟我有过一次精彩的会面，告诉我你下周一打算有哪些不同。"这句话的意思正如我们理解的，我们必须关注"周一早上的不同"。

这些就是"德鲁克学说"的五个支柱。如果你放眼当今各个商业领域，就会发现这五个支柱恰好代表了五个关键方面，它们始终贯穿交织在许多公司使命宣言传达的讯息中。我们有谁没听说过高管宣称要回馈他们的社区，要欣然采纳以人为本的管理方法和跨界协同呢？

彼得·德鲁克的远见卓识在于他将管理视为一门博雅艺术。他的理论鼓励经理人去应用"博雅艺术的智慧和操守课程来解答日常在工作、学校和社会中遇到的问题"。也就是说，经理人的目光要穿越学科边界来解决这世上最棘手的一些问题，并且坚持不懈地问自己："你下周一打算有哪些不同？"

彼得·德鲁克的影响不限于管理实践，还有管理教育。在德鲁克学院，我们用"德鲁克学说"的五个支柱来指导课程大纲设计，也就是说，我们按照从如何进行自我管理到组织如何介入社会这个次序来给学生开设课程。

德鲁克学院一直十分重视自己的毕业生在管理实践中发挥的作用。其实，我们的使命宣言就是：

通过培养改变世界的全球领导者，来提升世界各地的管理实践。

有意思的是，世界各地的管理教育机构也很重视它们的学生在实践中的表现。事实上，这已经成为国际精英商学院协会（AACSB）认证的主要标志之一。国际精英商学院协会"始终致力于增进商界、学者、机构以及学生之间的交融，从而使商业教育能够与商业实践的需求步调一致"。

最后我想谈谈德鲁克和管理教育，我的观点来自 2001 年 11 月 *BizEd* 杂志第 1 期对彼得·德鲁克所做的一次访谈，这本杂志由商学院协会出版，受众是商学院。在访谈中，德鲁克被问道：在诸多事项中，有哪三门课最重要，是当今商学院应该教给明日之管理者的？

德鲁克答道：

第一课，他们必须学会对自己负责。太多的人仍在指望人事部门来照顾他们，他们不知道自己的优势，不知道自己的归属何在，他们对自己毫不负责。

第二课也是最重要的，要向上看，而不是向下看。焦点仍然放在对下属的管理上，但应开始关注如何成为一名管理者。管理你的上司比管理下属更重要。所以你要问："我应该为组织贡献什么？"

最后一课是必须修习基本的素养。是的，你想让会计做好会计的事，但你也想让她了解组织的其他功能何在。这就是我说的组织的基本素养。这类素养不是学一些相关课程就行了，而是与实践经验有关。

凭我一己之见，德鲁克在 2001 年给出的这则忠告，放在今日仍然适用。卓有成效的管理者需要修习自我管理，需要向上管理，也需要了解一个组织的功能如何与整个组织契合。

彼得·德鲁克对管理实践的影响深刻而巨大。他涉猎广泛，他的一些早期著述，如《管理的实践》（1954 年）、《卓有成效的管理者》（1966 年）以及《创新与企业家精神》（1985 年），都是我时不时会翻阅研读的书籍，每当我作为一个商界领导者被诸多问题困扰时，我都会从这些书中寻求答案。

珍妮·达罗克
彼得·德鲁克与伊藤雅俊管理学院院长
亨利·黄市场营销和创新教授
美国加州克莱蒙特市

| 前　言 |

　　本书 50 个案例全部针对具体的情景、具体的问题、具体的决策，每一个案例都具有典型性，都是企业组织和公共服务组织中相当常见的。它们全是特定的管理情景、特定的管理问题和特定的管理决策，也就是管理者不得不面对的情景、不得不解决的问题、不得不决定的事情。它们是每一名管理者通常都要面对的典型情景、典型问题和典型决策，也是今天的管理者和学生明天很有可能要面临的情景、问题和决策。所以，无论是学生还是老师，都应该将其作为案例来研究，并随时问自己："此情此景下，我该怎么办？"

　　所有案例都按照《管理》的结构，分为 10 个部分：

1. 管理的新现实
2. 企业的绩效
3. 服务机构的绩效
4. 高效率的工作与有成就的员工
5. 社会影响与社会责任
6. 管理者的工作与职责

7. 管理技能

8. 创新与创业

9. 管理组织

10. 对个人的新要求

每个案例都有一个焦点。正如每种管理情景、每个管理问题、每个管理决策一样,每个案例都同时涉及组织和个人。每个案例都可以出于一个主要的意旨或者目的去阅读、讨论并使用。阅读、讨论、使用每个案例的目的,正是洞察组织及其中的人际行为的复杂性。

所有案例都取自真人真事,既可用于小组讨论,也可用于论题写作。最重要的是,这些案例可以用来帮助读者在将管理原理应用于实践时,把课本中学到的信息和事例转变成自己习得的真实知识。

彼得·德鲁克

1

第一篇

管理的新现实

MANAGEMENT CASES

案例1 | CASE 1

柳韩—金佰利公司的新范式
尊重人的尊严[一]

由《华尔街日报（亚洲版）》（*The Wall Street Journal Asia*）发起成立的由人力资源咨询公司翰威特（Hewitt Associates）在2003年发布的"亚洲最佳雇主"榜，将柳韩—金佰利公司（Yuhan-Kimberly，YK）列入了前10名。柳韩—金佰利公司的公共关系经理Seung-Woo Son先生将公司的成功归功于公司的企业文化。

柳韩—金佰利公司的企业文化来自其创始人Il-han New博士的经营哲学，其五条商业准则分别是"尊重人""满足顾客需求""履行社会责任""创造价值"和"以创新为导向"。

本案例说明了柳韩—金佰利公司的第一条准则"尊重人"对公司成功的影响。简单说来，第一条准则意味着柳韩—金佰利公司并没有将员

[一] 本案例由德鲁克与伊藤雅俊管理研究生院的Min S.Shin编写，约瑟夫·A.马恰列洛教授校订，原始资料出自于柳韩—金佰利有限公司总裁Kook-Hyun Moon。

工看作生产的原材料（也就是经营成本），而是将员工看作能够与公司共同成长的家庭成员。

"四人一组/两班倒制度"和"终生学习模式"是柳韩—金佰利公司运用第一条商业准则的结果。柳韩—金佰利公司认为，这条准则直接关系到公司是否有较高的生产效率，如图1-1所示。

图1-1 "尊重人"金字塔

大多数观察家认为，柳韩—金佰利公司在经营上的成功可以部分归功于其对"尊重人"这一基本原则的运用。

柳韩—金佰利公司的前任首席执行官兼总裁文国现（Kook-Hyun Moon）坚信组织重组和大规模裁员都已经过时了，并且是毫无成效的做法。他坚持主张在现代的商务环境中，大多数领导者都没有理解投资于员工发展的这种新做法是组织能够接受的、最有益于公司的。

四人一组/两班倒制度

导致柳韩—金佰利公司采用"尊重人"这一准则的事件之一是，在

20世纪90年代（1997~1999年）亚洲金融危机期间，公司需要在大约6个月的时间内关闭几条生产线。

在此期间，柳韩—金佰利公司的运营时间减少了一半以上。组织重组似乎成为柳韩—金佰利公司解决此问题的唯一方法。但是，谈论重组事宜，必定会导致劳工和管理层之间的关系紧张。

在劳动力队伍中，将近40%的人员是"多余员工"。对大多数企业来说，劳动力过剩就意味着大量裁员。然而，文国现先生却提出了一种创新性的解决方法。

文国现先生提出了"工作分享制"的思想，用此来取代大量裁员，这一套系统被称为"四人一组/两班倒制度"。这种制度可能会带来更加严重的财务困难，因为实施它实际上会增加企业的运营成本。然而，文国现先生认为，遵循柳韩—金佰利公司的用人原则，不要让任何一位员工下岗，这一定会克服成本增加带来的影响。

起初，员工们都很反对这种制度，因为他们担心减少加班工资会导致其收入下降。然而，随着亚洲金融危机的加剧，员工们开始接受这一新制度了。

在这一制度下，一组人上白班，从早晨7点干到晚上7点，另一组人上夜班，从晚上7点工作到第二天早晨7点，4天一轮换。4天后，另一队人来接着轮班，之前的两组人放假4天（3天休息，1天带薪培训，见表1-1与图1-2）。

表1-1 四人一组/两班倒排班表

	周一	周二	周三	周四	周五	周六	周日	周一	周二	周三	周四	周五	周六	周日
A组	白班	白班	白班	白班	培训	休息	休息	夜班	夜班	夜班	夜班	休息	休息	休息
B组	休息	休息	休息	白班	白班	白班	白班	培训	休息	休息	夜班	夜班	夜班	夜班
C组	夜班	夜班	夜班	夜班	休息	休息	休息	培训	白班	白班	白班	白班	休息	休息
D组	培训	休息	休息	休息	夜班	夜班	夜班	夜班	休息	休息	培训	白班	白班	白班

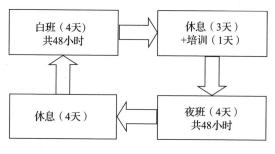

图 1-2　16 个工作日周期

"四人一组/两班倒制度"几乎立刻显示出其积极效果。一方面,员工们实现了生产力的巨大飞跃;另一方面,他们也能得到足够的休息时间,因此体力能够得到完全的恢复;另外,还有时间进行连续培训和学习。柳韩—金佰利公司在这样做的时候,完全不用停止生产。

实施这一制度使公司的会计收入成倍增长,从 1996 年的 3.32 亿美元增长到 2003 年的 7.04 亿美元。同期,公司净收入也增加了 6 倍,从 1440 万美元增加到 9040 万美元。但是,最初的工作分享制使员工每年的个人工作时间减少了 150 个小时,薪资减少了 6%。

终生学习:范式转换

柳韩—金佰利公司在初级和高级计算机技术、外语以及与工作相关的技能方面,为员工提供了企业内部培训,费用由公司承担。柳韩—金佰利公司也鼓励员工在工作场所之外加强学习,公司将为其支付 70% 的费用。执行这套新做法,逐渐在员工中形成了"终生学习模式"。文国现先生坚信,必须通过不断学习,将体力劳动型员工转变为知识型员工。

反过来，知识型员工只有不断产生新的想法，才能在工作中独当一面。

在实施这一体制的以后几年中，每年来自员工的改进和革新建议数目增加了 1200 条。

从第二年开始，新的范式提高了员工们的劳动生产率水平和绩效工资水平。结果，员工们的薪资都比这套体制刚开始实施的时候高了很多。由于实施成效给人留下了深刻的印象，这一创新模式被认为是成功的，因为它不仅增加了就业机会，而且提高了劳动生产率，拓展了工人的知识面。

问题

在人的本性中，有哪些因素决定了柳韩—金佰利公司轮班制度的成功？如果柳韩—金佰利公司的体制非常卓有成效并且有利可图，那为什么没有被更广泛地推广运用呢？以你熟知的公司为例，说明有哪些因素阻止了这一体制的广泛运用。

2

第二篇

企业的绩效

MANAGEMENT CASES

案例2 | CASE 2

我们的业务是什么

比尔·卡拉汉（Bill Callahan）从记事起就在一家零售店工作，实际上他就生活在那里。他的父亲在费城南部拥有一个很小的鲜肉摊，比尔孩提时代就在市场里玩耍。当他能拿起扫帚的时候，就开始在那里工作了。他平时去上学，周末在市场里工作；当他入伍参军的时候，发现自己几乎就要经营一个小卖部了。比尔喜欢在那里的每一分钟——事实上，他的理想是拥有一家大型超市，里面所有的收银机都一直响个不停。

比尔知道，在他八九岁的时候，就想拥有一家连锁店——从20世纪60年代中期他退役的那天起，他就开始为这一目标努力了。同时，他也知道，他的连锁商店必须与众不同。因为比尔清楚地知道，一家成功的零售店需要些什么。他认为："零售店的商品都是同质的，没有谁的更好或者更与众不同。它首先要做的就是，让人们愉快、和睦地购物；其次，零售店应当成为人们喜欢工作的地方，成为员工们能够满足自我需要的地方。"比尔·卡拉汉的话一共有三层含义。首先，连锁商店的数量应该不超过多少家。比如，不超过一位所有者兼管理者能够管理的数量，我说的管理是指频繁地巡回视察和亲自控制。其次，每个商店都必须有核心竞争力，就是拥有使自己区别于其他同类商店的东西。最后，每个商店的核心人物——经理和部门经理，都应该在商店中拥有个人股份。卡拉汉的第一家店铺是一家中等规模的超市，位于一座城市的郊区，因为之前的店主破产了，租金非常便宜。在三个月的时间内，卡拉汉商店的生意非常火爆，门庭若市。卡拉汉说："我所做的一切，归结起来就是找到超市能够追求卓越的领域——肉食品和土产品，因为其他所有商品都是由厂商负责包装的。所以，我亲自管理肉食品和土产品部门，直到这两个部门都表现得非常出色。然后，我就开始思考如何区别于其他小商店——我在我的超市里率先设立了花卉植物区。这完全改变了商店的外观和吸引力，同时花卉植物部也为超市带来不少利润。最后，我知道了为什么人们会成为商店的回头客，因为他们喜欢我们对待他们的方式。所以，我特别强调'友好、友好、再友好'，直到每一个员工都树立了这样的观念。"商店开张九个月后，卡拉汉开了第二家店。他让位给新商店的经理，并且将非常可观的利润份额分给他的继任者，把稍少一些的利润分给部门经理们，甚至连收银台的女员工都要参与利润分成。在三年的时间里，卡拉汉在这座城市内开了11家商店。

随后，卡拉汉并没有开设更多的超市，而是决定开创一种新型连锁店——花卉商店连锁。他重复着既有的经营模式，之后又转向家政服务中心，为自己动手型（DIY）业主提供服务，还在店内添置了手工工具和小型电动工具。他的下一个冒险则是创建贺卡连锁商店——这种商店规模较小，周转率较高，而且只有一个人经营。在他开设第一家商店之后的 30 年，比尔·卡拉汉兼并其他企业，成立了卡拉汉联营公司，旗下一共有四家连锁店，44 家商店，营业额超过 1.5 亿美元。每一家连锁店的总经理都是从连锁店的收银员或者营业员提拔起来的，他们通过自己的努力成了商店的管理人员。一位财务主管和一位人力资源主管（都是从基层干起的前任连锁店总经理）与卡拉汉一起，组成了公司的执行委员会。在卡拉汉联营公司中，每个连锁店的总经理只能分享很少一部分利润；在他们自己的连锁店内，他们却能分享相当可观的利润。在他们之下的每家商店的经理，同样只能分享整家连锁店的很少一部分利润，却可以分得他们自己商店的相当部分利润。依此类推，工作超过 18 个月的员工，都可以参与某种形式的利润分享计划。

卡拉汉深信，公司要发展，就必须为员工提供晋升机会。同时，他也认为，每家连锁店都不可能涉及人们生活的方方面面，这就意味着每隔六七年就要寻找新的业务。于是，在 1995 年的秋天，他开始寻找他要进入的下一个领域。最后，他选择了两个最有前途的领域：一个是"户外服装店"——蓝色牛仔裤、长筒靴、西部牛仔衬衫等；另一个是快餐连锁，以牛排、烤牛肉、烤鸡等为特色。同时，他也知道，不管怎样，饭只能一口一口地吃，路只能一步一步地走。卡拉汉深深地感到，办企业是非常困难的。同时，他很清楚的是，在最初的两三年内他必须投入大量的时间。

卡拉汉联营公司的政策是，执行委员会全体一致地制定公司的所有重大决策。过去，这在很大程度上都只是走形式——执委会成员都服从卡拉汉的领导。但是，当卡拉汉提出新的扩张计划后，他出乎意料地陷入了一片反对声中。大家一致认为，现在是应该组建一家新的公司的时候了。每个人也都认同，他们必须专心做好一家公司。事实上，每个人似乎都赞同这样的观点：卡拉汉选择的这两个领域充满了机遇。但是，有一半的人强烈反对涉足"时尚"领域（户外服装行业），另一半人则强烈反对涉足"个人服务"行业（餐饮）。

一组人说："我们了解食品和家庭日用品业务。我们的顾客都是家庭主妇和业主，'户外服装'是由小孩子最先开始穿着的，它的风格、促销方式以及吸引力都是我们的专长。"另一组人主张："餐饮不是我们所擅长的。我们知道如何把东西卖给别人，但是，餐饮业是推销服务和氛围的，还有如何烹饪食品、如何照料客人等，这些都不是我们感兴趣的。"

卡拉汉恼怒地叹了口气："好吧，你们告诉了我，什么行业是我们不可以做的。但是，有谁能告诉我，哪些是我们应该做的或者必须做的呢？你们都一致认可这两个领域的市场机遇。所以，我们需要思考的就是我们要做的、能做的和一致赞成的。"

问题

你应该如何去思考这些问题？

案例 3 | CASE 3

什么是成长型公司

一家历史悠久的面包厂，其产品遍布于一座大城市的各个角落，但在一次大型的公开交易中，它被一家私募股权公司收购了。在股市上，这家面包厂的股票售价是其收益的 8 倍，这家私募股权公司的报价为其收益的 14 倍，这是一个令人无法抗拒的价格。收购方用它自己的股票来支付，之后，该面包厂的售价达到其收益的 24 倍。因此，每个人都很高兴，或者说都应该很高兴。这家面包厂的主管是一个精力充沛的中年男子，他是 1890 年前后就开始经商的一位瑞典移民的孙子，他同意继续保留为期五年的合同。

收购在六个月之后完成，面包厂主管在纽约总部拜见了公司总裁。总裁说道："约翰，你知道的，我们每一个部门每年都要有 10% 的增长，并且投资至少要获得 15% 的税前收益。但是，你们部门的增长率一年只有 1% 或 2%，并且只有 7% 的税前回报率，这跟银行储蓄账户的利率差不多。我们全体职员准备和你一起努力改变这种局面，使你的部门能够达到我们的增长和利润目标。"

面包厂的主管回答道:"恐怕这会浪费他们和我们的时间。面包厂本身就不是一个成长型行业,人们并不会吃更多的面包和蛋糕;相反,收入越是增长,人们吃得越少。面包厂应该有内在的保护措施,以防止生意衰退;事实上,在真正严重的萧条时期,我们可能会做得很好。但是,我们的增长是不会快于人口增长的。至于利润,因为我们的工作有效率,所以我们实现了盈利。当然,我知道,我们需要更加有效地获取利润,这就需要大量地投资于新型自动面包烘房。至于市盈率,我们从来就不认为它能为我们带来所需的资金。即使我们实现了自动化,我们的税前收益率最多也不会超过12%。"

总裁厉声说道:"这是我无法接受的!"面包厂主管答道:"我们所有的钱都在这个面包厂中,我们必须把自己家的钱抽出来,投到更有吸引力的行业中去。我承认,这正是我们乐于被你们收购的原因,也是我们所有的人立刻抛售你们公司股票的原因,还是我很愿意你们全部接替我的用工合同的原因。如果您想将一个面包厂运作成一个成长型公司,您最好把我炒了——我可不知道该怎么做。"

问题

对于盈利低于最低资本成本、无法募集到所需要的资金用以提高资本效率的公司,人们会满足吗?如果人们不会满足于此,那需要做些什么呢?有人说这种企业无法达到15%的利润水平,又有人说如果市场已经存在,那么赚取利润以吸引必要的投资就是管理者的职责。这两种说法,哪一种是正确的?或者两种都是错误的,两种都是正确的?

案例4 | CASE 4

一家成功的小型跨国公司

人们普遍认为，跨国公司都是大型企业。确实，较为普遍的界定跨国公司的标准是每年销售额至少为2亿美元。但事实上，有很多小型公司也运作得非常成功，只是因为它们很聪明地让自己不那么引人注目。

有一个成功的小型跨国公司，它名叫尤拉尼亚（Urania A.G.）。这是一家瑞士公司，位于瑞士东部的格拉鲁斯（Glarus），一座比村庄大不了多少的小城。这家公司的历史非常独特，在20世纪60年代后期，尤拉尼亚公司被清算，事实上几乎破产。

故事要从克里斯蒂安·布伦奇利（Christian Bluntschli）说起，他现年已经90岁了。布伦奇利早年在苏黎世学习，后来当了一名工程师，20世纪30年代早期作为交换生到费城大学沃顿商学院（Wharton School）学习。他在那里获得硕士学位，继而攻读并最终获得了博士学位。他一回到瑞士，立刻就被商务大学（Commercial University）聘用了，这是瑞士的第一所商学院，位于圣加仑市（St. Gallen）。他成了一位非常成功和受人欢迎的金融学教授，直到 20 世纪 60 年代后期。之后，他以经济学家的身份来到瑞士一家大银行。但是，他发现自己很厌烦这份工作。当沃顿商学院建议他到费城加盟商学院的时候，他欣然接受了。

但是，在他辞职之前，银行总裁把他叫到办公室，然后说道："布伦奇利，我想知道，你是否愿意承担一项特殊任务？我们给一家制作精密设备的小公司发放了一大笔贷款，这家公司叫作尤拉尼亚，位于格拉鲁斯。现在，我们拥有其 35% 的股票。这个公司目前似乎陷入了困境。事实上，我怀疑它已经破产了。我们似乎应该清算它，但是，这家公司是那个贫困的农村地区最大的雇主。如果让它倒闭的话，之后的公共关系事务将会非常棘手。你能到格拉鲁斯去调查一下这家公司的情况吗？你还得告诉我们，你认为我们是否有必要援助这家公司。"

当布伦奇利到达格拉鲁斯后，他发现实际情况远比他预想的要糟糕得多。20 世纪早期流行齿轨铁路，该公司一直是全球主要的齿轮供应商。但是，齿轨铁路已经过时了，被缆车和拖车所取代。尽管该公司拥有生产这些替代品的条件，但是从未试图出售过。它拥有庞大的服务人员队伍和巨大的零配件库存，以服务老式的齿轨铁路。在日本就有 28 个受过培训的工人为仅有的 12 个客户提供零部件供应和服务，但这 12 个客户都处于亏损状态并且都已经停止该项业务。尤拉尼亚公司的运营人员将他们自己所有的时间和公司所有的资金都花在了一系列广泛的领域。然而，它从来没有做过与专利权有关的事情。它的政策是，不涉足许可经营领域，只是自己制造产品：在拥有制造能力的领域享有专利权；在不擅长的领域，什么都没有做。

布伦奇利看见得越多，他就越沮丧。但是，他也非常兴奋，因为该公司已经在全球范围内建立了服务网络。最后他对自己说，"我可能是疯了"，然后他决定管理尤拉尼亚公司，这正是他想做的事情。他对银行的同事说："这家公司希望渺茫。要取得该公司的所有权，我该付你多少钱呢？"他还没有来得及从"疯狂"中恢复神智，就已经拥有了这家濒临破产的公司的一切，但没有营业额，没有营运资本，没有资产，只有优秀的遍及全球的服务人员。

这仅仅是 20 世纪 60 年代的事情。今天，尤拉尼亚公司是世界上盈利能力最强的小型企业，它仍然只雇用了大约 900 人。但是，它引领着整个精密传动装置行业，特别是在专业交通运输工具方面，比如，电缆车、吊索、采矿用的无盖货车以及运送船舶和集装箱的专业运输工具等领域。实际上，它在全球大约 30 个国家设有加工厂，但都只生产其销售的专利产品的一两个零配件。服务赚取的利润足够支付全球员工的工资。它的设备销售收入，已经减去了支付给供应商的货款，实际上就是净利润。

有人问布伦奇利是如何做到这一切的，他微笑着说："我只是做了件显而易见的事情，每本教科书上都能够找到。"

问题

你认为，布伦奇利做了哪些他的前任者、尤拉尼亚公司的管理层和他在银行的同事都没有做过的事情？

CASE 5 | 案例 5

医疗保健成为一个行业

　　某公司是所在国的主要制造商之一，一直是先进技术的领先者。它们在 1985 年就断定，未来主要的增长领域将在社区服务，而不是公司专门从事的"硬件"业务。公司确定的主要增长领域之一就是医疗保健，并专门成立了一个工作组来研究医院以及医院的管理、需求和发展方向等。工作组的首要任务是研究医院，但并不是要求其提供什么商业机会。要由工作组来判断哪些医院应该或者估计有可能会关注医疗保健，只有这样的医院才能提供商业机会。

　　经过一年的研究，工作组意识到，最好的了解医院的方法就是从事医院咨询，因此组织了一小部分人从事医院咨询服务。很快，他们就成了国内重要的医院咨询顾问，承揽了各类医院的大量咨询服务工作，并且做得很好。

　　同时，研究和设计"理想医院"的工作仍在继续。医院咨询机构已经非常成功并且收益颇丰。在这之后，工作组的人来到高层管理人面前说："毫无疑问，我们都认为医院需要重组。事实上，对于医院，我们知道什么是错误的，什么又是需要的。我们可以设计这样一个医院，它能为患者提供价廉物美的看护服务。它与周围其他医院有很大不同。但是，我们认为，在几年之内，国家将考虑对医院实行重大改革；很明显，在目前的医疗系统中，医院正面对着严重的信任危机。"

工作组的人接着说："目前有三种可行的方法。我们能够为未来的医院设计硬件设施，这将需要大量的先进技术。这完全是公司能力范围之内的事情，也完全符合公司的传统。公司一直是为大批的工业和机构用户提供先进设备的制造商。公司有可能拥有最好和最先进的设备，也知道如何很好地利用它们。"

"第二种方法是做医院的设计者和建造者。我们能够做通用公司（GE）和西屋公司（Westinghouse）在核反应堆领域做的事情，为政府和社区医院的董事会建造全科医院，之后再移交给它们去运作。这或许会更成功，因为我们能够改变医院落后、低效的组织结构，这是当今几乎所有医院都存在的问题。"他们继续说。

最后，他们说道："我们可以直接从事医疗行业。政府、卫生保健组织（HMO）、蓝十字协会以及保险公司这些第三方团体越来越多地为医院买单。换句话说，医院的运营费用是有保险保障的，医院的资本成本也是如此。因此，这是一个潜在的商业机会。我们能够接管医院，特别是在小型和中型社区中，那里缺少医院，因此对医院的需求很大。我们可以建立符合要求的医院，并且因为我们的硬件处于良好的市场垄断地位，所以我们可以在相当的资本回报率水平上运作医院。"

问题

为了理解每一种方法的意义,高层管理人员必须提出什么问题?需要考虑什么问题?要调查哪些事实?测试哪些数据?检验哪些假设和猜想?换句话说,在高层管理人员自己做出决策之前,需要知道或者至少需要讨论些什么?

3

第三篇

服务机构的绩效

MANAGEMENT CASES

案例6 | CASE 6

大学艺术博物馆
确定宗旨和使命

人们在参观大学校园时，大学艺术博物馆总是必经之处，那些大型并且著名的大学常常以此为荣。长期以来，博物馆漂亮的新古典大楼一直是大学宣传画册封面照片的首选。

1932年前后，一位校友将这栋大楼和一笔相当可观的款项捐赠给了大学，这位校友是学校第一任校长的儿子，那时他已经成为一名非常富有的投资银行家。他还捐出了自己很小巧、精美、上乘的收藏品——一座伊特鲁里亚人⊖的雕像和一幅在美国独一无二的英国前拉斐尔派⊜油画作品。之后，他无偿担任博物馆的馆长，直到逝世。在他任职期间，他还为博物馆收集了很多藏品，主要是来自其他大学校友。博物馆只购买

⊖ Etuscans，位于亚平宁半岛中部的古代城邦国家，后被古罗马吞并，以拥有独特文化而著称。——译者注

⊜ Pre-Raphaelite，以1848年由三名年轻艺术家所创立的艺术团体命名的油画学派。——译者注

了很少的展品。结果，博物馆的很多小收藏品良莠不齐。这位创始人除了向大学艺术史系的一些老师展示过博物馆的藏品外，没有向其他任何人展示过，那些老师都是他的私人宾客。

在20世纪40年代的后期，这位创始人去世之后，大学打算引进一位职业的博物馆馆长。实际上，这也是这位创始人与博物馆签订的捐赠协议中所规定的。随即，学校设立了一个专项委员会负责此事；同时，暂时由一个艺术史系的毕业生接管博物馆，这位毕业生对博物馆非常感兴趣，而且研究颇深。在开始的时候，她甚至没有头衔，更不用说工资了。但是，在接下来的30年，她一直在博物馆工作，直到晋升到博物馆馆长这一职位。从第一天起，不论她的头衔是什么，她都在掌管着博物馆。她一接手，就立刻着手改革博物馆。她为博物馆的藏品编制了目录，她又开始向校友和学校的朋友们索要新的赠品，她为博物馆举办筹款活动。但是，最重要的是，科克霍夫（Kirkhoff）开始将博物馆管理整合到大学的工作中去。当办公室不够用时，她将博物馆的三楼提供给了艺术史系，作为其办公室。她改建博物馆大楼，在里面开辟了教室和新式设施齐备的礼堂。她集资建立了本国最好的一所艺术历史研究咨询图书馆。由于有国外筹集的贷款，她也开始围绕博物馆的藏品举办一系列专题展览。每一次展览，她都让学校艺术系的优秀教师撰写展品说明。这些说明迅速成为该领域里重要的学术文献。

科克霍夫小姐管理这座大学博物馆超过了半个世纪。但是，她终究抵御不住岁月的侵蚀。在68岁的时候，她患上了极为严重的中风，因此不得不退休。在她的辞职信中，她自豪地指出，她的工作使得博物馆发展到了今天，并且拥有现在骄人的业绩。她写道："我们的贡献并不逊色。

除了我们应该享受的保险政策以外，我们没有向大学索要任何资金。在收藏领域，我们的藏品虽然少，但质地一流，并且具有非常重要的意义。重要的是，我们的博物馆正在被越来越多地使用。在我们的系列讲座中，大学艺术史系的教师为大学里的学生和老师开设了主修科目，经常吸引300～500人前来听课；如果我们能提供更多的座位的话，我们就会有更多的听众。越来越多的参观者观看并研究我们的展品，其中大多数人是学校里面的。最重要的是，在该大学里，博物馆提供的课程和研讨班已经广为普及，并且富有教育意义。"最后，她总结道："我们非常成功地将艺术融入大学主流的生活中去，同时，也将大学融入博物馆的工作中去，这是我们国家的其他博物馆和其他任何地方都没有做到的。"

科克霍夫小姐强烈建议学校引进职业的博物馆长作为她的接班人。她写道："博物馆现在太大、太重要了，因此，不能像45年前那样，托付给一个像我一样的外行。我们需要认真思考博物馆的发展方向、支撑基础以及未来与学校的关系。"

学校采纳了科克霍夫小姐的建议，迅速成立了一个专项委员会，在经过一年的找寻之后，委员会提出了一位大家都认可的候选人。这位候选人本身就是学校的毕业生，拥有艺术史专业的博士学位，并且在学校博物馆工作过。他的教学和管理记录非常良好，并因此成了一座中等规模城市的博物馆馆长。在那里，他将一家古老、著名但非常沉闷的博物馆改变成了社区导向的、充满活力的博物馆，它的藏品被广为宣传，并吸引了大批的观众。

2001年9月，新馆长在万众期待下风光地就任了。可不到三年，他就不那么风光地离任了，身后留下一片唏嘘。他究竟是自动请辞还是直接被炒了鱿鱼，我们不得而知，但毫无疑问，劳资双方最终是不欢而散。

新馆长刚上任的时候，曾经宣布他把博物馆看作一个"重大的社会资源"，旨在"向学术团体和公众提供博物馆丰富的艺术和学术资源"。当他在校报的一次采访中说这些话的时候，每个人都赞许地点头。但很快就很清楚的是，他所指的"社会资源"与学校师生所理解的并不相同。虽然博物馆一直"对公众开放"，但实际上，都是学校的人在使用博物馆，参加它的演讲、展览和频繁的研讨会。

新馆长上任后第一件事情，就是促进该地区公立学校师生到博物馆参观。他很快就开始改变展览政策。他不是举办很多小型展览，集中展示博物馆的大量藏品，并且创建学术目录，而是开始围绕"大家普遍关心的话题"举办"大众展览"，例如"古往今来的女艺术家"。他在报纸、电台、电视上广为宣传这些展览会，尤其是在当地的学校中。不久，专门的公共汽车把学龄儿童带到了博物馆，曾经忙碌但安静的博物馆中挤满了中小学生。艺术史系的主任是一位非常具有学者风范的老人，当他通过大厅到办公室的时候，一群四年级的学生围住他，用水枪向他喷水，这使他非常不高兴，全体教职人员对因此产生的噪声和混乱也极为反感。

渐渐地，这位新馆长就不再自己筹划展览会了，而是从其他大博物馆引进巡回展览会，同时引入了他们的展品说明，而不是让学校教职员撰写文字说明。

显然，学生们的热情在最初的6~8个月后开始慢慢消退。在此期间，这位新馆长在某种程度上已经成为一名校园英雄。博物馆的课程和研讨会的出勤率急剧下降，晚上讲座的出勤率也一样。当校报的编辑在博物馆的一次新闻报道中采访学生们的时候，学生们一遍又一遍地告诉他，博物馆变得太嘈杂、太"轰动"，以致学生们都没法享受课程，没有机会去学习了。

2003年年末的一次伊斯兰艺术展览使事态进一步恶化。因为博物馆几乎没有伊斯兰艺术品，因此没有人评论这个巡回展览的展示品，它们是由有关方面按照非常优惠的条件提供的，而且还得到了一些阿拉伯国家政府非常慷慨的资金援助。接下来，在展览会开幕式上，馆长没有邀请大学自己的教员致礼节性的欢迎辞，而是邀请驻华盛顿的某一阿拉伯国家大使馆的文化专员发表演讲。据说，这位专员借此机会猛烈攻击以色列和美国对以色列的支持政策。一周之后，大学理事会决定组建一个主要由艺术史系的教师组成的顾问委员会，专门负责制订未来的展览和课程计划。于是，这位馆长在接受校报的采访时尖锐地抨击学校的教员，说他们是"精英分子"，却很"势利"，还批评他们信奉"艺术是属于有钱人的"。6个月后，2004年6月，他宣告辞职。

按照学校的内部规定，学校理事会要任命一个专项委员会。通常情况下，这只是一个形式。部门的负责人提交的部门提名人选，一般都会被委员会批准并得到任命。但是，在接下来的学期开始的时候，学校任命专项委员会人选的事情变得"不平常"了。主持会议的院长感受到了房间里的紧张气氛，试图缓和一下，便说道："很明显，上次我们挑选了一个不适合的人，这次我们必须好好努力。"

一位经济学家立刻打断了他。这位经济学家以平民论而出名，他插嘴说道："我承认，上一个馆长并不是恰当的人选，但是，我坚信问题的根源并不在于他的个性。他一直努力做着自己需要做的事情，但正是这些事情让他陷入了困境。他试图让我们的博物馆成为社区资源，试图让更多的人，包括非洲裔美国人、波多黎各人、市区内学校的孩子们以及其他公众能接触艺术，而这正是我们感到不愉快的原因。也许，他的方法并不是最恰当的，我承认，即使没有他的那些访谈，我也可以做到。但是，他尝试做的事情是正确的。我们应该致力于继续执行他所推行的政策，否则，我们就真的像他攻击我们的那样，是'势利'的'精英分子'。"

一位来自艺术史系的委员会成员，平常沉默寡言、彬彬有礼，此时却突然打断说："胡说八道！我们的前任馆长和'与众不同'的同事们希望博物馆成为社区资源，对于这一点，我觉得毫无任何意义。首先，这没有必要。这座城市拥有世界上最大、最好的博物馆，并且运作良好。其次，在我们这里，既没有大范围服务公众的艺术资源，也没有财政支持。我们可以做一些不同但同样重要、同样独一无二的事情。我们的博物馆是这个国家唯一的，也许在世界上都是独一无二的，它完全与学校、教育机构融为一体。我们正在使用它，或者说，至少我们在过去的几年内一直在使用它，把它作为我们学生的重要教育资源。我们的博物馆把本科生引领到艺术的殿堂，这是其他的博物馆做不到的。我们所有人，除了从事学术研究工作外，还在从事教学工作，但我们授课的对象都是不想成为艺术家或艺术史学家的人。我们给工程专业的学生上课，向他们展示我们的保护和修复工作。我们给建筑专业的学生上课，向他们展示古往今来建筑的发展史。尤其是我们给艺术专业的学生上课，他们来这里之前没有接触艺术的机会，他们通常更加享受我们的课程，因为他们是专业的，并不仅仅限于'艺术欣赏'。这是独一无二的，这也是我们博物馆能够做的，而且必须做的事情。"

数学系的主任批评道："我不认为这是我们真正应该做的事情。据我所知，博物馆是研究生院的一部分，它应该集中为艺术史学家完成自己的博士学业和科学研究工作提供服务。我强烈建议，将博物馆作为研究生尤其是博士生的学术研究场所，使它仅限于这方面的职能，而不要努力使它在校园内外变得那么'受欢迎'。博物馆最引以为傲的就是我们的教职员工和全国的艺术史学家们筛选出来的博士生制作的学术目录。这是博物馆的使命，但是，无论博物馆在学生还是在公众中'受欢迎'，都会对其完成这一使命产生负面影响。"

院长尽力让自己保持平静，然后说道："这些都是非常有意义并且重要的意见。但我认为，这些可以等到我们知道谁是新馆长以后再决定。那时，我们可以向他提出这些问题。"

教职员工中一位年龄较大的政治家说道："院长先生，恕我不同意您的意见。在暑假期间，我和我国最大的博物馆之一的馆长——我们的老朋友、老邻居讨论过这个问题。他对我说，'你们碰到的问题不是人事问题，而是管理问题。作为学校，你们并没有承担起制定博物馆的使命、方向以及目标的责任。当你们实际做这些工作的时候，无论哪个馆长都不会取得成功。这就是'你们的'决策。事实上，在告诉馆长你们的基本目标之前，你们不可能找到一个合适的人选。我了解你们的前任馆长，并且知道他有些粗鲁，但如果一定要指责他什么的话，那就是，他在你们还没有制定基本的管理决策的情况下，就愿意承担这项工作。只有等我们知道了'什么'需要管理、为什么要管理之后，讨论'谁'应该去实施管理才是有意义的。"

这时候，院长意识到必须休会，否则争吵将不可避免。同时，他也意识到，在一个月之后的教职员会议之前，他必须查明问题并做出可行的决策。当天晚上，他在纸上写下了一系列的问题：

- 大学博物馆的宗旨是什么？
  - 为研究生院艺术史专业的教员和博士生提供一个实验室？
  - 为非艺术史系并希望在"自由教育"和书本教育之间寻求平衡的本科生提供一片"肥沃的土壤"？
  - 为大学校园之外的城市社区尤其是学校提供服务？
- 谁是或者应该是博物馆的顾客？
  - 正在接受职业培训，将来可能成为艺术史专业教师的研究生？
  - 本科生或者整个学校的人？
  - 城市社区公立学校的学生和老师？
  - 还有其他人吗？
- 哪些宗旨是可以兼容并且可以同时满足的？哪些宗旨是彼此排斥、互相干扰的？
- 从以上的每一个宗旨来看，博物馆的组织结构、馆长的任职资格、博物馆与大学的关系分别要注意哪些问题？
- 为了制定明智的政策，我们还需要发掘潜在客户的更多需要吗？我们应该如何做？

院长把这些问题分发给了教职员工，并且要求他们在下次学院理事会召开之前讨论和思考这些问题。

问题

你如何解决这些问题？这些问题找准了吗？

案例 7 | CASE 7

美国农村发展研究所能解决印度失地贫民的问题吗㊀

1999年11月，美国农村发展研究所（Rural Development Institute，RDI）的创始人兼所长罗伊·普罗斯特曼（Roy Prosterman）和执行总监蒂姆·汉斯坦德（Tim Hanstad）花了一个下午的时间，在会议室讨论 RDI 在印度扩展业务的利弊。他们一直都在争论这样一个问题——RDI 是否应该凭借其过去长期以来成功的历史背景进入印度。从 20 世纪 70 年代初以来，RDI 致力于确保全世界农村的贫困人口拥有获得土地的权利，

㊀ 本案例由 Kim Jonker 撰写，由 William Meehan 教授审校。本案例适用于课堂讨论，而不适用于说明在特定管理情景下的举措有效与否。

Copyright © 2007 by the Board of Trustees of the Leland Stanford Junior University. All rights reserved. No part of this publication may be reproduced, stored in a retrieval system, used in a spreadsheet, or transmitted in any form or by any means—electronic, mechanical, photocopying, recording, or otherwise—without permission of the Stanford Graduate School of Business (cwo@gsb.stanford.edu). Used by permission.

以此来消除贫困,并已取得了成功。RDI 通过四种不同的工作完成它的使命:调查、改革规划、政策支持以及实施。事实证明,这些工作中最重要、最花费时间的就是改革规划,它要求 RDI 的代理律师在国外直接与发展中国家的政府一起工作,为农民设计土地分配方案。到今天为止,RDI 成功地在全球 40 个国家开展了工作;值得注意的是,RDI 尚未在印度开展事业。

印度蕴藏着巨大的机会。印度拥有世界上最多的贫困人口,在贫困和缺乏土地之间有着极为紧密的联系。然而,挑战与机遇并存,其中最主要的挑战在于政治上缺乏改革的意愿,而这正是改革成功的先决条件。普罗斯特曼和汉斯坦德权衡了风险和机会。

农村发展研究所

土地所有权对农村贫困人口的重要性

对于乡村贫民来说,土地是至关重要的财产——是收入、财富、安全和地位的重要源泉。为农村贫困家庭提供一小块肥沃的土地,会使这些家庭得到很多好处。这种好处将长期存在,并且会随着时间的推移而逐渐增加,它包括营养、健康、收入、经济安全、信用能力、自尊以及公共地位的改善。这些小块土地的面积足够打造一个小花园或者栽种一些树木,它们能够提高食品消费的质量和数量,从而改善整个家庭的营养和健康状况。小块的土地也能够提高一个家庭的收入和经济安全程度:土地能使他们在市场上销售农产品而产生盈余,满足家庭在紧急时刻的需要。作为附属担保品,土地甚至能够改善一个家庭的经济状况,能够提高一个家庭在投资或者危难时刻的信用能力。通过拥有土地所有权，农村家庭的自我形象和社会地位也能得到提高。对于整个社会福利来说，这个地位是非常重要的，因为它有能力提高家庭对农村政治的参与程度，从而帮助家庭在农村获得非正式的信贷来源。

为世界上的穷困人口消除贫困，土地所有权显得极其重要，正是这一点促成了 RDI 的创立。

RDI 的起源

1965 年，普罗斯特曼为了追寻他为减轻贫困而提供法律援助的梦想而离开了美国最好的律师事务所苏利文—克伦威尔（Sullivan and Cromwell），当时他正处于事业的上升阶段。他的早期工作是通过温和的土地改革，为减轻贫困和平息怨恨提供创造性的方法。例如，1967 年，普罗斯特曼前往南越，探讨引发越南战争的潜在社会经济问题是否可以通过向贫穷的佃户重新分配土地和向地主支付合理的赔偿金来解决。普罗斯特曼的观点引起了美国决策者的注意，他们正在寻找越南冲突的政治解决办法。很快，普罗斯特曼发现自己也陷入了这场战争，于是起草了立法条文来支持"耕者有其田"计划——该计划是由循化县（Thieu）政府在 1970～1973 年实施的，其主要内容是在湄公河三角洲内为 100 万个佃农家庭提供土地所有权。虽然这对于制止战争来说太迟了，但是，这项计划使越共招募入伍的人数减少了 80%，同时还将大米产量提高了 30%。

多年来，RDI 组织和它的计划都持续关注贫困人口的土地所有权问题。例如，20 世纪 90 年代，在东欧国家，RDI 致力于促进集体农场和国有农场的自愿解体，同时为家庭农场主建立长期的私人土地所有权——包括买卖权、抵押权和继承权。这些计划中最有代表性的就是将土地从公有变为私有，或者从公有变为长期的私人使用。为了跟上世界日益发展变化的步伐，RDI不断改变其计划，但是这么多年来，它的基本使命始终没有改变。

RDI的使命和运营

RDI的使命宣言是："RDI是一个非营利性律师组织，旨在帮助发展中国家的穷人合法获得土地所有权。"这个组织通过下列四种主要活动来完成自己的使命：调查、改革规划、政策支持以及实施（RDI的使命、愿景以及价值陈述如表7-1所示）。

1. 调查 RDI拥有大规模的调查队伍，能够深入到乡村一级采访贫困人口，同时也能进行案卷研究，有关研究成果被广泛发表。RDI的调查队伍广泛传播调查结果以及土地改革的最佳做法和获得土地所有权的好处。

2. 改革规划 RDI在40个不同的国家考察了其土地改革运动，并且帮助其中的很多国家设计新的改革计划。丰富的经验使得RDI能够成为如世界银行、美国国际开发署（U.S. Agency for International Development，USAID）、联合国开发计划署、联合国粮农组织等国际组织的农村土地问题主要的咨询顾问。

3. 政策支持 在RDI的政策支持工作中，它在扶贫问题上，把土地所有权的问题提到了最前面。普罗斯特曼和他的同事们使许多国家的领导人相信，通过切合实际的措施为贫民建立土地所有权或者相应的土地保障权，对于经济发展和预防暴力来说是非常重要的。这也可以扩展到在外国援助领域的主要捐赠机构。例如，由于 RDI 的努力，美国政府的"Millennium Challenge Agency"计划（这是一揽子对外援助计划）承认，乡村贫民的基本土地所有权是美国全球援助计划的基础之一。

4. 实施 实施极其重要。没有有效的实施，RDI 的土地改革计划对农村贫困人口就没有帮助。然而，在实施过程中，RDI 的影响力要弱于在其他三方面工作中的影响力，因为许多援助组织和国际发展机构都有资格实施 RDI 的计划。因此，RDI 常常将它的土地改革方案的实施工作外包出去，而只提供必要的指导和监督。

RDI 的比较优势：全方位参与全过程

在关注土地问题的组织中，RDI 是唯一四方面工作齐头并进、全方位参与整个过程的组织。其他很多组织都只是做其中的一两方面工作。多数的组织都会做调查；少数组织会做改革设计；许多组织会做支持和实施工作（后者往往是国际发展机构的事）。关注土地问题的其他组织中没有哪一个同时开展前三方面工作，更不用说第四方面工作了（表 7-2 是截至 1999 年受益于 RDI 计划的国家和地区的统计数据）。

RDI 倡导的民主土地改革

RDI 在转变土地改革观念和论证其有效性方面影响非常大。民主土地改革遵循法律，同时运用和平的手段，为私人地主提供公平的征地补偿。民主土地改革也让土地接受者自由选择如何经营农场（选择经营农场的几乎都是家庭农场的农民，而不是集体或合作社）。例如，RDI 所致力实现的1970~1973年在南越的"耕者有其田"改革向湄公河三角洲地区的大地主支付8年期债券，作为将其土地重新分配给100万佃户的补偿，债券总价值相当于被分配土地总收成的2.5倍。这项改革被证明是非常成功的，20世纪80年代，越南共产党政府放弃集体农场，而在全国推广采用南方的家庭农场模式，其主要原因正在于此。随着该模式的不断发展，根据"支配权"原则，需要没收的土地越来越少。

当前的决策：美国农村发展研究所是否应当进军印度

印度的机遇

对RDI来说，印度极具吸引力，符合RDI进入一个国家的两个关键条件，目前却还未被开发。这两个条件分别是：巨大的潜在受益人群体和土地与贫穷之间的密切联系。作为世界上人口最多的两个发展中国家之一，据1999年的统计，印度贫困人口的数量排在全球第一位。印度没有土地或只拥有极少量土地的农村家庭也是世界上最多的（6200万家）。此外，在印度，有没有土地和是否贫穷关系甚密。实际上，1997年，来自世界银行的一份报告显示：目前，在印度，没有土地最容易导致贫困，其影响力甚至超过了印度的种姓制度和文盲现象。基于以上的原因，普罗斯特曼和汉斯坦德认为，进入印度势在必行，他说："这种机会，会让那些致力于改造世界的非营利性组织的领导者们摩拳擦掌，跃跃欲试。"

进军印度的风险与挑战

这个"高回报"的机遇也伴随着相当大的风险与挑战。普罗斯特曼和汉斯坦德也在思索着怎样去面对和克服这些障碍。首先，他们担心的是"政治意愿"。在进入一个国家之前，RDI 首先要保证当地政府完全愿意配合并实施他们力荐的改革方案。汉斯坦德这样解释说：

我们一直在问自己这样一个问题，当地政府是否和我们站在同一条战线上？或者至少说，他们有没有表现出强烈的反对？据 20 世纪八九十年代的经验看来，印度官方一向不支持土地改革。比如说，在 1999 年世界银行举办的一次土地政策研讨会上，世界银行主管农村发展的官员表示："我们不会对印度的土地采取任何措施，因为分歧太多，官方的支持太少。"

普罗斯特曼和汉斯坦德坚信，要得到印度官方支持还是有可能的，只不过这是一件极富挑战性的工作。

他们担心的第二点是资金问题。RDI 没有用于印度的专项资金。能不能争取到资金，以确保他们在印度的活动能取得长足的发展，普罗斯特曼和汉斯坦德也不能保证。资金没有落实，这意味着，就算普罗斯特曼和汉斯坦德认为进入印度意义非凡，也未必能在那里待得长久。在印度的开支绝不会是一笔小数目，因为印度土地改革困难重重，必须要在当地建立一个办事机构。RDI 至今还从未自己出资在目标国家建立过办事机构。进入印度，RDI 需要有额外的资金，或者是把用于其他项目的资金挪用过来。这让 RDI 的大部分员工感到毛骨悚然，进入印度可能意味着饭碗都保不住了。

与此相反，将 RDI 宝贵的资源用在世界上的其他地方，会让员工们觉得更有安全感。比如说，在苏联加盟共和国工作筹措资金就要容易得多。RDI 在苏联开办了很多按诊疗收费（fee-for-service）机构，当时，大量的资金流入这个地区。汉斯坦德说道：

不再去考虑印度，继续待在苏联国家，这应该不是一件难事。可是，还得考虑这一点：我们在苏联国家的工作效果已经大不如前。虽然我们在苏联国家得到了可观的成果，但是，能为 RDI 增值的领域都已开发。可是，印度就不一样了，它是一个巨大的尚未开发的市场，有着无限的潜力。

第三个挑战就是，必须做出较大的战略性调整，这样才能适应印度本土的环境。光看印度没有土地的人口数量，就知道它与其他的国家不一样。RDI 曾在这些国家积极活动过，同样的方法并不适合印度。说得具体一点，印度有太多无土地的家庭，要进行土地改革，得把全国 20%～40% 的土地纳入进来。土地改革规定农场的面积为 2～5 英亩⊖，这是 RDI 的惯例，亚洲很多国家历史上也这样做过。然而，这一切都是不可能实现的。这些数字迫使 RDI 减少受益人的数量，减少每个家庭拥有土地的面积，或者是在某些方面重新规划整个项目。并且，印度的 28 个州都有它们各自的地租规定，因此，RDI 要面对的是来自各个阶层的参与者，并非只有一个核心决策者。

历史背景：RDI 先前的关键决策

在他们权衡进军印度的决定时，普罗斯特曼和汉斯坦德也考虑到了

⊖ 1 英亩 = 0.004 046 9 平方公里。——译者注

RDI 近期以来的关键性决策。回顾这些年来促使 RDI 一步一步走向高效运作的重要决策，他们意识到，面对机会，有得必有失，两者同样重要。

RDI 始终关注在苏联国家的使命

从资金的角度来看，RDI 过去几年中的形势不太稳定，不过它还是想方设法挺了过来。1997 年，在 RDI 的 100 万美元预算资金中，有 70% 都冒着巨大的风险，它们大都被投向了俄罗斯。为何说冒着巨大的风险呢？因为 RDI 在俄罗斯运作的大工程都是风险极大的。70 万美元中的绝大部分是来自哈佛大学国际发展研究所（Harvard Institute for International Development）的年度拨款，而这笔拨款又来自美国国际开发署。美国国际开发署给哈佛大学的拨款很有可能会大幅度降低，这也就意味着 RDI 收到的可用于苏联国家的资金岌岌可危。

不过，1998 年，RDI 迎来了一个绝好的全额资助机会，这让 RDI 的收入大为改观。美国国际开发署的另一个承包商找到 RDI，要求承揽在苏联国家的城市土地改革项目。这对 RDI 来说，是一个全新的课题，因为时至今日，RDI 所涉足的领域还仅限于农村事务。

不过，这是一个相当诱人的机会。一方面，它让 RDI 的收入渠道多样化起来；另一方面，在此过程中，RDI 还可以利用以前在俄罗斯积累的经验。经过在俄罗斯的农村土地改革，RDI 积累起了大量的专门技术，很多都可以直接运用于城市土地改革项目。不过，尽管如此，RDI 还是投入了大量的时间与精力，认真研究城市土地改革到底能产生多大的影响。从这个角度来说，RDI 等于是从头开始。普罗斯特曼和汉斯坦德担心，如果他们接手这个项目，RDI就会偏离它为农村贫困人口争取权利的宗旨。汉斯坦德这样说道：

> 在农村，要做的事情还很多……所以，我们最终还是拒绝了这一次进军城市的机会，因为这与我们的使命不相符。我们强烈地感觉到，原则上，我们不应当追逐资金。结果证明，这样的选择对RDI来说是正确的。我们最终在苏联国家开展了农村土地改革，进展效果不错。这才是我们的使命。我们获得了很多按服务收费的机会，这样就解决了资金的后顾之忧，让我们全心全意地时刻聚焦于我们的使命。

规模太小，RDI放弃了在东帝汶的机会

RDI的评估方式很多，其中最重要的一项指标就是通过RDI的努力，有多少没有土地的人们最终能够获得土地所有权。因为RDI看中数量，规模无疑就成为它决定是否进入一个国家要考虑的首要因素。这些年来，只因为规模不足的问题，RDI拒绝了很多机会。比如说，尽管东帝汶的土地问题重重，但这只是一个小国，RDI最终决定放弃这个机会。汉斯坦德是这样解释的：

> 就算我们在东帝汶成功了，我们所取得的成就也十分有限，因为这个国家太小了。我们应当把精力和资源集中在能够产生深远影响的地方。

回报减少，RDI退出吉尔吉斯斯坦

RDI于1992年进入吉尔吉斯斯坦，经过7年的奋斗，取得了巨大的

成就。经历过辉煌之后，RDI 迎来了回报渐少的局面，但这是在 RDI 完成了它的前三个首要任务（调查、改革规划和争取政府的政策支持）之后的事情。汉斯坦德是这样解释的：

> RDI 在前三个方面的工作中已经取得了圆满的成功。在这样一个小国家，这样的成绩已经算是登峰造极了。第四步是实施，这也对 RDI 非常重要，对提升 RDI 的影响力却没有太大的帮助，因为很多别的机构也能胜任此事。所以眼下的问题就是，我们到底该不该留在吉尔吉斯斯坦，继续完成我们的任务……我们最后决定离开，因为当时吉尔吉斯斯坦有大量的援助机构，它们都能够很好地持续监督实施过程，而且实施工作本身也进展顺利。

非营利性组织在国际环境中的运作

印度的非政府组织环境

RDI 在 1999 年考虑进军印度之时，其他许多非政府组织（NGO）已经在这个国家活动了。然而，几乎没有人直接从事土地改革工作，更没有人在做 RDI 四部曲的第四部。另外，非政府组织和公共团体都放弃了一直以来关于土地改革的设想和前景。

与发展中国家政府合作的挑战：官僚主义、繁文缛节、贪污腐败

对于在发展中国家运作非营利性组织所面临的挑战，普罗斯特曼和汉斯坦德是再熟悉不过了。这些年来，他们亲自感受过严重的官僚主义、

极度的繁文缛节和猖獗的贪污受贿。他们知道，在印度也会遭遇相同的问题。事实上，依据透明国际（Transparency International）的清廉指数（corruption perceptions index，CPI），印度是存在严重腐败问题的国家之一。此外，从别的非营利机构听来的一些信息，也让他们不得不停下来好好思索。比方说，像律师事务所注册登记这样简单的事情，在印度也极其不易，可能还得好好地贿赂一下有关人员才行。

汉斯坦德很清楚，如果RDI真的打算进军印度，那么他们一家就得搬到印度，以便他能建立和监管在印度的办事处。虽然他的家人没有问题，他却在思考，如此麻烦是否值得。他说道：

比如说，我们作为外国人，初到印度时得到警察局登记。我们听说这是一个漫长而繁杂的过程，等了一天又一天，最后可能还得塞红包。我家的每个人都要登记，同样的程序就要走好多遍。来这个国家是这样，离开也一样。我们还听说，外国人在印度工作是需要极大勇气的。

虽然这些考虑不无道理，不过普罗斯特曼和汉斯坦德已有相当丰富的经验来应对这些问题了。在俄罗斯，他们在极其不利的情况下挺了过来，还发展得不错。汉斯坦德思忖道："如果我们当初一味听信别人说当地政府是什么样子的，那我们就不会在俄罗斯有所建树了。大家都说那里的官员很腐败。我们最终决定先继续干下去，结果就成功了。"

与发展中国家政府合作的机遇

普罗斯特曼和汉斯坦德心里明白，这些挑战从另外一方面来看也是机遇，RDI可以通过教育和感化印度地方政府的官员，来产生巨大的影响力。RDI 在摩尔瓦多和乌克兰的经验就是一个很好的例子。普罗斯特曼回忆说：

在摩尔瓦多和乌克兰，我们有机会教育政府官员，这和我们自己要做的正事一样重要。有时候，非政府组织总是把发展中国家政府看成棘手的问题，看成它们的敌人。非营利机构不与政府合作，这并不是最佳解决办法。要捕苍蝇，你得用糖，而不是醋，要让它们尝到甜头。我们可以通过合法的、更行之有效的方式来与政府合作，以提高他们的积极性。

汉斯坦德点头表示同意：

好多非营利性组织都选择了一条最艰难的路，这让我感到很吃惊。我对他们的建议就是：别让最好的人成为好人的敌人。很多非营利性组织都有一幅理想的蓝图，但这些完美主义者经常错失机会，不能实施有效的变革。当前，印度有很多机会，非政府组织可以和政府合作，还可以通过政府达到自己的目的……这对他们没有什么坏处。

当然，非政府组织到底有多大必要和地方政府合作，合作到什么程度，这取决于实施的项目。比如说，很多小额贷款项目就不需要政府的参与。与之相反，RDI 的工作性质就决定了它要与政府合作。RDI 项目的规模化经营需要地方政府强有力的支持。

这些年来，RDI 开发了一系列高效率的方法来与发展中国家的政府合作。普罗斯特曼这样形容他们的方法：

我们在当地政府的一些部门中发现了与我们重叠的议事日程。我们就极力参与到这些事务中去，与政府官员搞好关系。这为我们其他的工作打好了基础。我们就看当地人在做什么，然后试着推他们一把，以逐步达到最终的目标，即拥有长期产权75%～90%的经济收益。我始终觉得做点事情总比傻坐着好。总的来说，我们愿意与任何党派、任何利益相关者坐下来心平气和地协商、洽谈。我们不会大肆宣扬，也不会参与新闻发布会。我们赢得了政府官员的信任，因为他们知道，我们不会向媒体透露任何让他们难堪的消息。

普罗斯特曼和汉斯坦德反复权衡利弊，以便最终做出决定。在印度的机会是巨大的。如果成功了，他们的影响会波及千千万万的人，让他们有希望过上更好的生活。可是，挑战与机遇共存。RDI没有足够的资金作为进入印度的坚强后盾。他们这次的决策会对RDI今后的发展产生深远的影响。RDI的费用列支与董事会成员名单会在本案例后的表7-3和表7-4中列出。

问题

1. 在1992年RDI初次考虑进军印度时，你会建议它进入吗？为什么？

2. 从RDI决定放弃在苏联国家的城市土地改革机会这一举措，我们可以学到些什么？

3. 国际环境给非营利性组织带来的挑战和发展机会，比它们独立在发达国家运作时面临的挑战和机遇要多得多。如何最好地应对这些挑战和抓住这些机遇？

表 7-1　RDI 的使命、愿景和价值观

RDI 的使命、愿景和价值观	有关 RDI 的使命、愿景和价值观，请访问 RDI 的官方网站
使命：我们做什么	RDI 为确保世界上最贫困人口的土地所有权而努力工作——这 34 亿贫困人口，主要是指每天生活费低于 2 美元的农村人口。RDI 与发展中国家合作，制定并实施有关土地的法律、政策以及程序，进而为他们提供发展机会，加速经济增长，促进社会公平
愿景：为什么我们要这样做	让我们想象一个没有贫困的世界。我们看到了未来，所有人都依靠自己的土地为自己带来幸福——这是人类解放自己、使自己的家庭摆脱贫困的最基本、最有效的方法之一
价值观：我们成功了，因为我们相信	• 在全球消除贫困是可能的，并且完全符合我们的伦理道德、经济利益和安全利益 • 所有的贫民和社会边缘人士都是值得尊重的、有尊严的，改善他们的生活质量，使他们更加幸福，这是非常有意义的事情 • 对社会和经济变革来说，法律是一个有力的、具有很大杠杆作用的工具 • 对世界上大多数穷人来说，土地是最关键的资产 • 缺乏保障的土地所有权是全球贫困的一个根本原因 • 有保障的土地所有权是改善人们生活条件的基础 • 妇女享有平等的土地所有权 • 一小群人在一起工作，他们具有共同的宗旨，充满激情，忠于职守，可以承担起世界上最棘手的问题，并做出积极的回应

资料来源：http://www.rdiland.org（2007 年 2 月 15 日浏览）。

表 7-2　RDI 的经营绩效（截至 1999 年）

国家或地区	年度	受益家庭	家庭规模	受益的人数	分配的土地（英亩）
南越	1970～1973	1 000 000	5.4	5 400 000	3 325 000
菲律宾	1972～1980	200 000	5.4	1 100 000	850 000
萨尔瓦多	1980～1984	50 000	6.0	300 000	175 000
埃及	1985～1992	50 000	5.0	250 000	100 000
俄罗斯	1992～	26 000 000	3.5	91 000 000	14 175 000
吉尔吉斯斯坦	1992～	200 000	6.0	1 200 000	3 375 000
中国	1996～	42 500 000	4.42	187 000 000	40 250 000
摩尔多瓦	1997～	35 000	3.5	120 000	250 000
合计		70 000 000		286 000 000	62 250 000

资料来源：RDI 1999 Annual Report, p.7.

表 7-3　1999 年 RDI 的费用列支（用美元计算）

项　　目	规划和管理	筹集资金	总金额
薪资及有关费用	769 428	61 240	830 668
其他费用	—	—	—
外国合伙人	83 204	0	83 204
研究咨询	33 608	0	33 608
交通	225 219	8 441	233 660
国内办公室	61 976	0	61 976
国外办公室/住房	30 961	0	30 961
电话和传真	24 684	424	25 108
专业服务	75 139	4 068	79 207
打印和复印	4 621	2 950	7 571
办公费用	40 973	3 240	44 213
折旧	16 105	0	16 105
其他费用	37 013	1 081	38 094
总费用	1 402 931	81 444	1 484 375

资料来源：RDI 1999 Annual Report, p. 26.

表 7-4　RDI 董事会（1999 年）

1999 年，RDI 的董事会由以下成员组成
主席：约翰·E. 柯伯利
"约翰·D. 和凯瑟琳·T. 麦克阿瑟基金会"董事长
财务主管：理查德·B. 格雷
普莱默斯公司董事长
秘书：查克·谢尔顿
多样性管理公司首席执行官
珍妮特·克里
圣达菲强奸求救中心主席
劳拉·李·格雷斯
格雷斯室内设计公司董事长
乔治·卡里基尼斯
卡里基尼斯·沃特金斯·马尔莱公司高级合伙人
Hen-Pin "Ping" Kiang
博钦律师事务所律师

（续）

迈克尔·B. 金
雷·鲍威尔·斯皮尔斯·卢波斯基律师事务所律师
惠特尼·麦克米兰
嘉吉公司名誉董事
玛格丽特·A. 奈尔斯
高盖茨律师事务所律师
詹姆士·C. 皮戈特
管理报告与服务公司董事长兼首席执行官
威廉·R. 鲁宾逊
律师
罗伯特·F. 奥特
华盛顿州最高法院法官（已退休）

资料来源：RDI 1999 Annual Report, p. 23.

CASE 8 | 案例 8

蒙特希里尔大学的未来

蒙特希里尔大学（Mt. Hillyer College）150年庆典活动顺利结束了。在开幕演讲和接受名誉博士学位之后，美国总统乘坐空军一号飞走了。于是，学校提前几个小时结束了庆典。很快，学生、家长和客人们都离开了。现在，在6月夜晚美丽而漫长的暮色中，蒙特希里尔大学又恢复了平静。

但是，仍有一些人待在校长的办公室，坐在阳台上放松，这一周太辛苦了。这些人在这一整年里都在为这一周的庆典忙碌，他们中有精力充沛的年轻校长迪利奥尼兹（Delonides）博士以及他的妻子心理学系的主任；退休的名誉校长兰顿（Langton）教授，是他将蒙特希里尔大学发展到了目前的规模，在他接手之后，蒙特希里尔大学从第二次世界大战后一个毫无生气的小学校一跃成长为兴旺的著名学府；学校董事会主席、国家最高法院法官凯瑟琳·霍尔曼（Catherine Holman），她是该学校目前在世的最著名的毕业生，她的丈夫是该州州立大学著名的法学院院长；还有各学院院长、训导主任、其他高级管理人员以及学生会主席等列席。

退休的名誉校长巡视了一圈，询问大家各自认为本周发生的最重要的事情是什么。最后，他转向董事会主席的丈夫、法学院院长说："霍尔曼院长，在这里，你是唯一的局外人，但你没有说过一个字。你认为上一周发生的最重要的或者最有趣的事情是什么？"

霍尔曼微笑着说："您知道，对于我来说，最有趣的事情就是没有发生任何事情。每个人都在谈论蒙特希里尔大学的过去，谈论它的成就，它许多的第一以及荣誉，却没有人讨论将来。确实，我们好好谈了谈开放式教育的未来发展——机智、博学、灵性，开放式教育的确很好。如今，蒙特希里尔大学是一所非常著名的学校，至少对私立本科学校来说是这样。这主要归功于兰顿博士和利奥尼兹博士两位管理者，现在学校有4500名学生。当年我的妻子入学时，学生人数还不超过500人。学校有名有望，还有很大规模的捐赠。但是，它现在的卓越成就在明天会怎样呢？或者它不需要考虑这样的事情？它能满足于和其他任何一所学校一样吗，或者只是比其他学校好一点点？"

霍尔曼接着说："在法学院，我们知道或者我们认为我们知道我们正在努力做什么。通过法律资格考试的学生数量并不是很好的评价方法，但至少这是一个方法。我知道，蒙特希里尔大学有很多特色，例如学校外面是一座美丽的城市。但是，这就够了吗？开创和建设蒙特希里尔大学的先辈们，过去的几天我们听了很多他们的故事，他们并不这样认为。当他们在一个荒凉的沙漠边缘开创这所学校的时候，他们就有一个目标。他们的继承人，在19世纪末使学校从松散的教会附属学校中解脱出来，成为男女混合大学，并且推动了科学、政府和经济学的发展，他们有一个非常清楚的理念，那就是知道大学意味着什么和代表着什么。"

霍尔曼继续说："我并不期望您想出这些答案。但是，我有一点困惑的是，在过去的这周里，没有人问过这样的问题。这个国家的高等教育的大部分工作都已经在大型的、城市中的群众性机构中展开，并得到了税收的支持。对蒙特希里尔大学来说，继续作为一所小型的、私立的（因此很昂贵）、半乡村化的学校就够了吗？或者，在高等教育领域内，你不得不代表点什么吗？它应该有优秀的教学质量吗？它应该成为新学问和新知识的先驱吗？它应该与工作的世界、成人的世界紧密融合在一起吗？一般来说，学生对这些是一无所知的，那么我们是否有必要在一年中为学生安排三个月的时间，进行必要的教育？是否努力招聘一些大牌的教授，然后精心挑选既有钱成绩又好的学生入学，这就够了吗？"

霍尔曼最后说道："我真正关心的是我们如何提出这类问题，或者说我真正担忧的是我们身在高等教育领域却对这些关键问题不闻不问，而空谈什么开放式教育的成就。"

问题

你认为这些关注是合情合理的吗？人们有办法解决这些问题吗？或者人们只是讲讲而已？

案例9 │ CASE 9

水博物馆

　　雅各布·彼得斯（Jacob Peters）是一个成功的商人，他回归到社区，担任了许多非营利机构的志愿者。他是一个天生的领导者，很快就成为他所供职的许多机构的主席。当他开始在当地的一个水资源利用委员会任职时，很快就升到了领导人的位置。在几年的时间内，他被选为主席，这是一个责任重大、令人垂涎的职位。

　　最近，水资源利用委员会在一个偏远但正在开发的地区建设一个大型水库。令每个人惊讶的是，现场有许多历史遗迹。当地的社区基金会建议在邻近水库的地方修建一座博物馆，以保存这些历史遗迹，水资源利用委员会便与该基金会合作。水资源利用委员会签订了长期租赁合同，以换取基金会修建和经营博物馆的权利，它们将那些历史遗迹陈列在博物馆里。

　　雅各布看见了发展教育机构的价值，并很快决定水资源利用委员会应该建立一个博物馆，用来教育下一代保护水资源的重要性。这个提议得到了委员会其他成员的大力支持。委员会决定建立一个更有效的独立机构，其唯一的目的就是修建和运营水博物馆。

委员会建立了一个非营利机构——博物馆董事会，并向美国国税局提出申请，以便根据国税局第170条税则（IRS Code Section 170）的规定，捐赠给博物馆的东西可以作为慈善捐款予以抵扣。委员会的大多数成员相信，这个独立的机构在集资以及寻求公共和私人捐赠方面同样会取得成功。委员会认为，非营利性的水教育中心和水博物馆远比水资源利用委员会的项目更容易得到捐赠。

水资源利用委员会任命了博物馆董事会的成员。这些成员有着不同的专业背景，并且是他们各自领域里成功的领导者。董事会由五位董事组成，其中一人是私人顾问，一人是教师，一人是设计师，其余两人是水资源利用委员会的成员。雅各布·彼得斯在博物馆董事会的第一次会议上被选为主席。

水资源利用委员会批准博物馆董事会长期租用一块几英亩的土地，该土地临近租赁给当地基金会的土地。这块地可以开发为教育设施，对参观者进行水资源和水库现场历史遗迹方面的教育。博物馆董事会很快就开始筹集资金，并且成功地从州政府、联邦政府以及当地政府筹得了数百万美元，其中还包括另一个地区的水资源利用委员会的捐赠。

在一次会议上，委员会确立了其使命宣言。博物馆的宗旨包括：增进公众对与水有关的问题的了解；传播本地关于水的历史的信息；强调水源管理和保护的重要性。在经过很多次讨论之后，委员会通过了博物馆的使命陈述，具体如下。

促进普通大众对与水有关的问题（不论是过去的、现在的还是未来的）的认识与了解，领导高效用水方面的研究。

它们也确定了目标受众。

源源不断的参观者来自不同的领域：从幼儿园到 6 年级的学生、7～12 年级的学生、高中生、家庭旅行者、老年人、外国观光者、公用事业和商业方面的专业人士、教师、商会成员以及政府领导人。

两年后，博物馆董事会制定了设施规划，准备开始建造。博物馆董事会向水资源利用委员会报告了最新情况，请求给予贷款，以便它们能够建造水博物馆。水资源利用委员会非常支持，经过投票表决，同意给予博物馆董事会足够的资金，用来建造设施和收藏展品。雅各布·彼得斯立刻召开博物馆董事会议，开始着手建设事宜，并制订未来经营计划，这其中包括集资方案，以确保博物馆一旦竣工就可以投入运营。

博物馆董事会另外任命了六位成员，希望能够通过更广泛的联系和更多的商界领袖参与来筹集更多的资金。每一位新董事都是各自领域的成功人士，他们与社区的领导人和政治家都有一些联系。

项目建筑施工稳步推进，但博物馆董事会发现，筹集资金是一项非常具有挑战性的工作。两年后，设施建造基本上完成了，但是博物馆董事会也没有多余的运营资金了。由于当地建筑行业的兴旺发达，建设成本比预计的要高。

雅各布意识到，虽然他们完成了建筑施工，但是已经没有足够的运营资金了。开工四年多之后，博物馆董事会已经无法再筹集到资金了。博物馆建成了，但是董事会已经没有资金来雇用工作人员和使博物馆运转起来了。最后，雅各布召开博物馆董事会议，讨论这些还没有对公众开放的博物馆设施的未来走向。

问题

这个博物馆的使命满足了一个成功的使命的三个"必须"吗？博物馆董事会界定了市场吗？它能成功地影响不同的受众吗？作为一个还没有做好运营准备的新机构的领导人，雅各布·彼得斯应该做些什么？如果你是博物馆董事会的成员，你会做些什么？如果你是水资源利用委员会的成员，你会做些什么呢？

案例10 | CASE 10

水资源利用委员会应该建造博物馆吗[一]

奥吉·奥法雷尔（Auggie O'Farrell）已经在当地的一家水资源利用委员会工作了20多年了。他曾梦想着有一天能当上委员会主席，获得这个最令人垂涎的职位。他是在一个非常具有挑战性的时期被推选为委员会主席的，这些挑战包括资源的不确定性、不断上升的水费、撤销管制规定的威胁和人口的老龄化。20多年的工作经验使奥吉拥有独特地看待问题的视角，他很快就开始去实施各种策略来应对这些挑战。

最近，水资源利用委员会在一个偏远但正在开发的地区建设一个大型水库。令每个人惊讶的是，现场有许多历史遗迹。当地的社区基金会建议在邻近水库的地方修建一座博物馆，以保存这些历史遗迹，水资源利用委员会便与该基金会合作。水资源利用委员会签订了长期租赁合同，

[一] 本案例由德鲁克与伊藤雅俊管理研究生院的Marguerite wheeler编写，约瑟夫·A.马恰列洛教授校订。

以换取基金会修建和经营博物馆的权利，它们将那些历史遗迹陈列在博物馆里。

奥吉的前任主席曾设想建立一个教育中心，这个教育中心由水资源利用委员会运营，目的是教育后人懂得节约用水的重要性。水资源利用委员会的成员也对这个项目给予了大量的支持。水资源利用委员会想出了一个更加有效的方法，那就是设立一个组织，这个组织是完全独立于水资源利用委员会的，其主要任务就是建造和运营水博物馆。委员会建立了一个非营利机构——博物馆董事会，并向美国国税局提出申请，以便根据国税局第170条税则的规定，捐赠给博物馆的东西可以作为慈善捐款予以抵扣。委员会的大多数成员相信，这个独立的机构在集资以及寻求公共和私人捐赠方面同样会取得成功。委员会认为，非营利性的水教育中心和水博物馆远比水资源利用委员会的项目更容易得到捐赠。

水资源利用委员会批准博物馆董事会长期租用一块几英亩的土地，该土地临近租赁给当地基金会的土地。这块地可以开发为教育设施，对参观者进行水资源和水库现场历史遗迹方面的教育。博物馆董事会很快就开始筹集资金，并且成功地从州政府、联邦政府以及当地政府筹得了数百万美元，这其中还包括另一个地区的水资源利用委员会的捐赠。

四年后，设施建造基本上完成了，但是，博物馆董事会也没有多余的运营资金了，因为当时它们的注意力一直都放在了工程进度上。结果，它们有了一个崭新的设施，却没有资金去雇用人员或去运营博物馆了！

奥吉认识到，虽然水资源利用委员会面临着很多迫在眉睫的问题，但有一个问题会使他的委员会兴奋起来。他约见博物馆董事会的主席，讨论拯救博物馆的可行办法。博物馆董事会主席曾在水资源利用委员会工作了几年。博物馆董事会要求申请贷款，让博物馆开张并运营五年，但是，博物馆达到预定的经营绩效后，要由水资源利用委员会提供博物馆的运营资金。五年期满，如果博物馆董事会不能偿还贷款或者不能自给自足，整个设施就将归还给水资源利用委员会。然后，奥吉又和他的执行委员会讨论关于博物馆的处理意见。经过长时间的讨论，执行委员会提出了四个备选方案。

- 为博物馆贷款。
- 为博物馆拨款。
- 取得博物馆的所有权。
- 不采取措施。

执行委员会最后决定采用第四个方案，按兵不动。不出几个月，博物馆董事会就不得不把博物馆移交给水资源利用委员会，因为它们缺少足够的运营资金。奥吉把执行委员会成员都召集起来，商议下一步如何操作。经过投票表决，执行委员会决定雇用一位拥有博物馆运营经验的顾问，让其为水资源利用委员会提供其他的备选方案。借助水资源利用委员会的员工和资源，博物馆得以重新开放，与此同时，水资源利用委员会还在等待着顾问的分析结果和备选方案。

几个月以后，顾问为水资源利用委员会提供了以下几个选择。

- 继续保留对博物馆的所有权，并把它作为水库的游客中心。这就要求水资源利用委员会持续投入运营资金，但其好处是水资源利用委员会可以确保对博物馆的控制权。

- 和其他非营利性组织一起合伙经营博物馆。这样,随着时间的流逝,水资源利用委员会就可以获得来自外部的资金,并减轻自身的财务压力。但是,所选的非营利性组织将来也可能会面临财务危机。它们将不得不补缴该项目的社区基金;否则,水资源利用委员会就会终止合作关系,继续寻找其他的非营利性组织。
- 把博物馆转变为商业用途,出售给感兴趣的公司。博物馆是独一无二的,如果出售的话,水资源利用委员会就会失去对设施使用的控制权,进而对连带的社区基金会产生不好的影响。

就在奥吉筹备召开董事会会议的时候,许多董事都和他接触了,这让他很快明白董事会内部意见是充满分歧的。一些董事已经参观了博物馆,并看到了它对于水资源利用委员会的长期效用。然而,也有一些董事强烈地感觉到,水资源利用委员会经营的博物馆没有任何商业价值。几百万美元都已经花费在了设施建设上,本来那些钱是可以更有效地用来服务水资源利用委员会的使命的。

从作为一名董事会成员的经验来看,奥吉开始认识到,这个问题会影响到委员会当前面临的其他许多问题。围绕解决博物馆的问题,董事会内部已经结成了联盟,即使在关于博物馆问题的投票结束以后,各个联盟仍然可以继续长存下去。

问题

奥吉应该怎么办?如果你是董事,你打算如何投票?一个组织应该从事不属于它的使命范畴的事务吗?

案例11 | CASE 11

满足社会服务部门日益增长的需求

布里奇斯潘集团（Bridgespan）是一个非营利机构，旨在为基金会和非营利性组织提供综合管理咨询服务。据其主席托马斯·蒂尔尼（Thomas Tierney）称，在美国，非营利性组织正以大约每天100家的速度增长，而基金会的新增速度则为大约每年300家。近年来，美国的志愿服务活动创下了30年以来的新高，约有27%的美国人称其定期参加志愿者活动。而慈善捐赠从短短几年前的1200亿美元增加到了约3000亿美元。

彼得·德鲁克倾其一生，为社会服务组织的管理规范化而奋斗，他在这方面的贡献几乎是无可比拟的。在彼得·德鲁克漫长而成就颇丰的一生中，他曾与大大小小的社会服务组织的领导人进行过会面与磋商，这其中包括美国红十字会、救世军（The Salvation Army）、美国女童军（The Girl Scouts）、天主教慈善院（Catholic Charities）、美国援外汇款合作组织（CARE），还有不计其数的医院和教会。在晚年他提出了这样的观点：由于社会服务组织对其目标（如盈利等）的定义甚为模糊，所以和商业组织比较起来，也就更容易导致无序的管理。其实，他个人认为这些社会服务组织在很大程度上都存在管理无方的问题。

彼得·德鲁克在彼得·德鲁克非营利性组织管理基金会（Peter F. Drucker Foundation for Nonprofit Management，现在更名为 Leader to Leader Institute）成立大会上，表达了他对社会服务机构的美好愿望。

我们的基金会希望集中精力，关注一些需要优先解决的问题。这些问题伴随着我们思考我们的优势、我们的主导需求和我们的终极目标而产生。对目标的思索来自人们对建立基金会的见仁见智的反应。

第一个需要特别注意的地方就是找到非营利性组织（尤其是小型非营利性组织）对自身进行评价的方法，从我们得到的反馈来看，它也许是最重要的一点，包括评价其使命、运作情况、结果、组织结构、资源配置，还有最重要的一点是吸引投资和人力资源的能力。我们的自我评价方法理应包罗万象，涉及方方面面。然而，我们得清楚地认识到，它还需要一系列的后续工作来支撑，比如说为非营利性组织提供外部帮助的咨询服务（如顾问等），帮助它们在某些方面进行改革或强化，或者是给它们提供信息，让它们结交能帮助它们的商业人士，或者得到我们自己提供的咨询服务，甚至是营利性子公司的资助。这一方面的需求是如此之大，以致我们极不情愿地被迫得出这样的结论："不管有多难，这都必须是主要的优先考虑领域。"

第二个需要特别注意的领域是信息的开发，包括从我们手头可用的资料上得到的信息，比如书籍、期刊、人、录像等。我们对信息的需求迫在眉睫。在我看来，非营利性组织应当与信息和数据库供应商携手完成信息开发工作。这确实是一项烦琐的工作，然而势在必行。

第三个需要特别注意的地方也被称作"平行事业"，包括全国高级管理者服务公司（National Executive Service Corps）在内的一些组织，将退居二线的企业管理人士纳入非营利性组织，让他们全职工作短短一段时间，如一年。然而，我们应当看到，还有一大批年轻人士，希望在做好本职工作的同时也加入到非营利性组织的队伍中来。这些人常常能在社会服务行业（或称第三行业）中找到归属感，他们常年去教堂做礼拜，并逐渐成为任劳任怨的志愿者。除此之外，没有哪一个组织能够将个人的力量、价值观和经历与非营利性组织紧密地联系在一起。全国高级管理者服务公司成功地找到了一种简单而行之有效的方法，发掘出个人的力量与机构的价值观和需求，然后再把两者结合起来。现在，他们要让我们也了解这种方法（当我们对他们自1976年以来的成绩褒奖有加的时候，他们决定与基金会组织密切合作）。个人可以使用的分析工具有迪克·波尔斯（Dick Bolles）的"你的降落伞是什么颜色"（What Color is Your Parachute），还有伯尼·霍尔丹（Bernie Haldane）30年前在人员安置工作中提出的观点。但是，时至今日，这些分析工具仍未用于实际的工作中。个人力量与机构需求不恰当的结合屡见不鲜，我们要做的工作还有很多。

在我看来，第四个需要特别注意的地方是短时间以内还将继续呈现模棱两可的状态，那就是非营利性组织管理的"中央清算所"。很多来我们基金会的非营利性组织坦言，它们急需了解目前哪一块市场是空缺的，别的组织正在从事什么活动，如何筹集资金，如何建立高效的董事会，如何管理志愿者，如何明确任务和目标。在我看来，这个问题最终会成为我们议事日程上最重要的一项。要知道，这曾是美国管理协会（American Management Association）20世纪最重要的工作。然而，它既需要在专家的领导下将各方人士召集在一起共同商议，也需要一个异常强大的数据库，而这两者都不是一朝一夕能实现的。

我到现在还不敢说，基金会最有可能把什么做得最好。这是一个至关重要的问题，然而现在下结论还为时过早。我通过细心观察顾客的需求，已列出了我们需要优先考虑的问题。我们应该知道如何才能把顾客服务工作做得最好。我们都知道，只要竭尽全力去追求卓越，市场总是会为我们敞开大门的。我还要说，那些带领我们去努力、去奋斗的人，他们的一生没有虚度，他们尽全力正确地做事情。

作业

彼得·德鲁克通过成立基金会并以自己的名字命名（直至后来并入Leader to Leader Institute），运用"德鲁克管理"原则来分析社会服务部门中的需求。

上网查询其他属于社会服务性质的组织，包括但不仅限于此案例中所提到的，然后自己评价这些组织的需求状况。在这些组织中，你目前扮演着什么样的角色？以后呢？

案例 12 | CASE 12

阿丽莎州立学院的困境
能力与需求

直到20世纪70年代，位于大都市边缘的阿丽莎（Aliesha）都是一所声誉卓著的师范学院。然后，随着学院的迅速扩张，该州把阿丽莎转换为一所四年制的州立学院（还计划办成州立大学，争取在20世纪90年代初期建成研究生院和医学院）。在10年的时间里，阿丽莎的学生人数从1500人发展到了9000人。预算增长的速度甚至超过了扩招的速度，在此期间，预算增加了20倍。

阿丽莎唯一没有发展的就是最初的师范学院部分，该学院的招生规模甚至还有所缩小。其他的每个学院看起来都欣欣向荣。除了新增加了四年制的人文科学学院、商学院、兽医学院、牙医学院外，阿丽莎还开发了很多社区服务项目，其中包括一个快速发展的夜校项目、一个精神健康治疗所、一个针对儿童言语缺陷的言语障碍治疗中心，这也是本地区唯一的一所。即使是在教育领域内，也有一个领域大发展，那就是师范学院附属的示范性中学。该中学只招收 300 名学生，并且由教育系的顶级专家来授课，所以被认为是整个地区最好的中学。

接着，1996 年，州立法机关突然大大削减了阿丽莎的预算。同时，教职员工要求大幅度上调工资并得以如愿。预算赤字过大，使得普通的削减开支方法根本不足以弥补巨大的亏空。很明显，必须放弃某些东西。院务委员会和校长以及学校理事会坐下来探讨如何解决这个问题。经过冗长而热烈的讨论后，初步确定两个项目作为放弃的对象：一个是言语治疗中心，另一个是示范性中学。两个项目的成本都差不多——可以说两个都非常费钱。

所有人都一致认为，言语障碍治疗确实有市场需求，是应该优先考虑的对象之一。但是，人们也不得不承认，而且也有无可辩驳的证据证明，该项目没有运作好，没有达到预期的效果。准确地说，这个项目很差劲，以致儿科医生、精神病医生和心理医生都不愿意推荐他们的患者去这个治疗中心。其原因是，该治疗中心是学校的附属教学设施，主要用于心理学系学生的教学活动，而不是用来帮助孩子克服严重的言语障碍的。

接着，对这所中学的负面批评也相继出现了。没有人质疑这所学校的优秀和卓越，也没有人怀疑它对来校听课的教育系学生的影响和对本地许多来校旁听课程的年轻教师的影响。但是，我们要追寻的是它到底满足了什么样的需要。要知道，在这个地区优秀的中学已经够多了。

言语障碍治疗中心的一位心理学家质疑说："这所中学在每个孩子身上的花销和哈佛大学在每个研究生身上的花销一样多，维持这样一所中学的合理性何在？"

教育系主任是示范性中学里非常出色的一位老师，他也说道："在言语障碍治疗中心，每个患者花掉的州政府的钱和示范性中学每个学生花掉的钱一样多，或者还更多，维持这样一个中心的合理性又何在呢？"

这时，学校理事会主席站出来表示："据我所知，言语障碍治疗中心的支持者认为，开设这样的治疗中心是有必要的，尽管他们承认他们没有能力去办好。因为我们州的法律和学校的章程要求，学院的各种活动都应该以学生的需要为中心，可你们告诉我们，正是这一点使得开办一个治疗效果好的诊所是不可能的。但是，你们大家仍然认为有必要办诊所。至于你们，"他转向示范性中学的支持者说，"你们为能力而辩解。你们确实为学生的教育做出了贡献。但是，最重要的是，你们制定了教学和教育标准，有助于提高我们整个地区的中学教学水平。但是，相对于言语障碍治疗中心应该满足但没有满足的独特需求而言，你们所满足的需求是次要的。在现有预算标准的情况下，州法律不允许我们通过削减教学活动来控制成本。否则，我将会提出动议，将言语障碍治疗中心和示范性中学一并关闭。但是，我们只能关闭其中一个。市场需要和自身的能力究竟哪一个应该优先考虑呢？"

问题

哪一个应该优先考虑？

CASE 13 | 案例 13

医院的"产出"是什么

罗伯特·阿姆斯特朗（Robert Armstrong）从海军退役后就进入了危机四伏的家族企业。几年后，他父亲猝然离世，阿姆斯特朗便接管了这个盈利甚微的小公司。20多年以来，他把绝大部分时间都倾注在了这家公司上。阿姆斯特朗一直对卫生保健事业有着浓厚的兴趣。早在青年时代，他就认真考虑过就读医科大学的事情，要不是中途辍学，这个目标应该早已经实现了。自此之后，他便在一家社区医院工作。1985年，他进入医院的董事会，1995年升任董事长。阿姆斯特朗工作一丝不苟，为公司发展毫无怨言地奉献自己的时间和精力。

迈入21世纪的门槛，阿姆斯特朗公司成长为一家实力雄厚的大公司。20年以前，单枪匹马管理公司的阿姆斯特朗建立起了一支竞争能力卓越的管理团队。尽管阿姆斯特朗才50岁出头，但已厌倦了生意场上的生活，开始排斥迫于商业目的而排得满满的行程。

当院长中风退休后，董事会授权以阿姆斯特朗为主席的选举委员会，选出新一届的院长。在委员会正式召开第一次会议之前，阿姆斯特朗会见了医院的医疗服务部主任——一个很有威望的外科医生，多年来一直担任他的私人医生。他想问问主任的意见，到底该找什么样的人来当院长。令阿姆斯特朗完全没有想到的是，他说道："鲍勃，我们不用多费周折了。你别再花力气去找人领导圣路克斯医院了，就是你了。你最了解医院，没有人能比得上，并且大家都欢迎你，爱戴你。我记得去年我给你体检的时候，你说目前的工作让你感到厌倦，公司也不再需要你了，你和利比已经厌烦了永无休止的奔忙。是的，你在阿姆斯特朗公司挣的钱比起当院长来不知要高出多少倍。但是，你已经挣够钱了，也不看重到底还能挣多少钱。话又说回来，院长的收入也还可以，和你公司副总裁的薪水差不多。半年前董事会提工资的时候你是这么说的。"

阿姆斯特朗越想越觉得这个建议可行。但与此同时，他也为自己能否胜任这项工作而辗转难眠。他又找到主任，问他："如果我真当这个院长，我该如何评价自己的工作？我的目标又应该是什么？对一家医院来说，什么才叫业绩好？我们的产出又是什么呢？"

主任哈哈大笑，说道："我就知道你会这么问，这也是我希望你能接受这份工作的原因。我只知道我自己工作的目标。但是，没有人知道对医院来说它们意味着什么。所以，也该有像你这样的人来讨论这些问题了。"

阿姆斯特朗走马上任了，并很快就成了美国最杰出的院长之一。六年之后，美国医院管理者学会（American College of Hospital Administrators）授予他年度最佳院长称号。在颁奖典礼上，他说道："担任院长是我一生中最为明智的选择。过去的六年，是辉煌的六年。但有一个问题，我一直在寻求答案，却始终未能找到答案。说实话，现在的我，比六年前的我，更为困惑。我知道，现代大都市里面的医院肩负着一系列的责任，面对着各种各样的病人。医生把医院看作他们职业的延伸，病人希望我们带给他们康复，而不是伤痛。我们还要面对病人家属、社区和各种机构，如政府、蓝十字会、保险公司、企业、工会等，是它们为病人买单。我知道，我们的责任是救死扶伤，这也是我们理应擅长的事业。然而今天，越来越多的声音要求我们承担起社区医疗服务中心的角色，让健康的人一直保持健康；也有越来越多的声音要求我们取代私人医生的角色，为城市里的贫民治病。"

他还说："我已经不指望找到绩效目标和绩效评估方法了。不过，我的确不是很清楚，究竟应该如何去评价我们到底做得好还是不好，这使我极为困惑。我不知道如何界定这个行业的'良好业绩'，不知道我们最终奋斗的目标是什么，不知道什么是重中之重，不知道什么该舍弃，什么该忽略。我们国家14%的国民收入用于医疗事业，以后还会持续增长。医疗事业如此重要，如果没有目标、绩效标准和绩效评估方法，那是万万不可的。在座的各位中，有哪位当过医院院长的请告诉我，你们设定的目标和业绩衡量标准是什么？或者说，我该尝试着怎么做？"

问题

阿姆斯特朗的问题有解决的方法吗？或者说，卫生保健业真的如此微妙，真的没有定义、目标，也没有评估标准吗？

案例14 | CASE 14

医院的成本控制

西摩·波利茨（Seymour Politz）的信才寄出去10天，就收到了表妹琳达（Linda）的回信。她在信中写道：

亲爱的西摩：

很高兴能够就你的格伦河医院（Glen River）扩建规划提出我的建议。我还不知道你已是财务委员会的主席了。你的规划很出色，令我折服。你知道吗，我打算把你关于人口增长趋势与医院需求的相关性预测作为我们这里的人员配置模型。我们州正好要出台医院发展规划的指导性意见。所以，格伦河医院的规划书来得正是时候。请代我向你们院长伯诺尔（Bernauer）博士问好，他关于医院的发展规划非常精彩。从在规划书上看到他的名字的那一刻起，我就知道这会成为一个典范。我清楚地记得我俩同在军队医院院长委员会时他所做出的贡献。

我同意伯诺尔医生关于格伦河医院增加30个病房或60个床位的意见，也同意你们需要新增临床护理床位的计划。实际上，我觉得你们估计的数字稍显保守。据你们对格伦河地区人口增长的估计，至少也要新增75个临床护理床位，或者是38~40.5个专用房间。但是，西摩，其实你们已经具备了这些房间。或者可以这样说，你们现在使用的40个花费不菲的临床护理病房，其实完全可以用更便宜的设施来代替。这样一来，资金投入可以节省2/3，人力资源可以节省一半，设施维护费用也可以节省许多。

在你们医院的主建筑楼有用于分娩的临床护理病房。分娩并不属于疾病的范畴。一位健康的产妇需要的其实只是一张床，只要能让她躺下、休息、消除疲劳就够了。她也要能够四处走动走动，找点儿事情做。换言之，她需要的是最简单的那种汽车旅馆房间，有沙发床更好。确实，有些宝宝需要临床护理设施，不过那不需要太复杂的。产妇需要的是一个能煮咖啡、能坐下、能聊天的地方。提供给产妇的房间，包括对出现异常情况的婴儿的紧急护理设施和康复室，这一切费用只不过是特护病房费用的1/3。为产妇新建一座汽车旅馆，这样她们现在所用的病房就可以挪给临床护理病人使用。同样的道理，你们现在有10个用于精神病人的临床护理病房。精神病人特别严重的情况也不是很多，他们只是有些抑郁，有些烦躁，想得到安抚，暂时逃离这个充满压力的社会。应当想办法让他们到处走走，去餐厅吃吃饭，和其他人接触接触。所以，你们只需要给他们提供小型的汽车旅馆就够了，但里面要有多余的房间供聊天和治疗之用，而使用临床护理病房则是完全没有必要的。还有，你们将至少15间临床护理病房用于外科病人，尤其是接受矫形外科手术和治疗的病人，比如说因为背部疼痛而接受腰椎牵引手术的病人。这其实不需要临床护理病床。做了脚踝手术的病人要住院，是因为住院石膏才不会干得太快，所以就要在医院待上两三天。背部疼痛的病人需要一天接受六七个小时的腰椎牵引治疗，持续两三天时间，但用不着临床护理，只需要有张床能伸展双腿就行了。对于这些病人，手术室、康复室和方便护士工作的病床是需要的（你已计划新增5间手术室）。但是，你不需要使用昂贵的临床护理病房，简单、经济、实惠的房间应该是你的首选。

因此，我建议你重新制定规划，以低成本建一座两层高的汽车旅馆，包括35~40.5个专用房间、70~80张床。我估计，费用会是你们的扩建规划预算的40%左右，其中还包括把你们现在用于分娩、精神病人、外科手术病人的临床病房改为所需要的临床护理病房的费用。这样一来，你们所需要的设施就齐全了，不但花费更少，而且设备也更好。

还有一件事情，西摩，你在规划书中建议通过募捐和慈善捐助的方式来筹集一切所需资金。这是不太可行的，这项花费不是一个小数目，募捐的结果只能是得不偿失，而许诺要捐钱的人往往不久就没了音信。唯一简单、可行、经济的办法就是，通过商业途径尽量筹措资金。通过银行、保险公司、州教育厅学校膳宿建筑委员会（state dormitory authority）和国家等机构，就可以筹集到90%的资金，利息并不会很高。毕竟，你们90%的开支都是保险公司、蓝十字会和政府同意承担的。剩下的10%就通过慈善捐助来解决。如今在医院里，把慈善捐款用于别的其他方面是不合理的。

向凯茜·安问好，告诉她我们盼望着你们今年秋天来玩。吉姆还等着你来和他一块儿钓鱼呢。他自己还新做了一个风筝，迫不及待想拿给你看看。到时见！

琳达·波利茨·巴克斯鲍姆医生

××州立医院副院长

西摩·波利茨非常高兴，这封信证明了他在第一时间写信给琳达是个明智的选择。两周前，他得知伯诺尔医生关于扩建医院的建议时感到心烦意乱。扩建的预算是他事先预计的3倍。他本打算自己投入大量财力。可是，他虽然相当有钱，却无法承担这笔巨额开支。通过募捐筹集这么一大笔资金在他看来是不太可能的，再加上格伦河的人们对提高医院开支已持观望态度，这就更不靠谱了。不过，现在预算的40%已经不成问题了，只是绝大部分是从银行借来的。他相信，不足的部分自己有实力补上。

于是，他去医院找到了伯诺尔医生。"不错，"伯诺尔说道，"这一切我都知道。虽然你表妹一向都比我们想得更远一些，但是就算这个方案讲得过去，它也未必行得通。别的托管人是绝不会同意从银行和保险公司以商业利率借钱的。他们会告诉你，一旦这样做，你就休想再从慈善捐助得到一分钱，因为人们会说，既然你能从银行里贷款，那我还给你钱干什么？不过，我觉得托管人的观点不对，人们还不至于这么不明事理。但是，你会发现，托管人会冷漠地拒绝你的一切要求，不做任何事情。然而，你最大的障碍还在于内科医生。可能一些外科医生也会反对。如今有一些单独经营的外科诊所也基于同样的运行模式，不过它们都是营利性的企业。在我看来，像我们这样的非营利性社区医院的外科医生，也应该不太接受半门诊和廉价医疗设施的模式。然而，妇产科医生、精神病医生和心理医生就要发狂了，因为你贬低了他们的职业。你想想，如果他们的病人病得不算严重，那他们又怎么能称得上是妙手回春的名医呢？"

波利茨起初对院长的话并不以为然，但是，与托管人、妇科主任、精神病科主任交谈之后，他意识到院长是对的。所以，他有些灰心丧气地回到伯诺尔博士那里，问道，"那我们该怎么办呢？""有办法，"伯诺尔答道，"我们可以把医院卖给营利性医疗公司，或者改制成由我们医生共同拥有的营利性医院。而且，这样做不会有什么麻烦。""你在说笑话吧？"波利茨说道。"我当然不是，"伯诺尔说，"有些医生确实很贪婪。不过，他们作为格伦河医院的所有者，得到的利润也相当少，不足以带来什么实质性的变化。毕竟，并不是他们自身的利益使得他们改变主意。而在我们市的另外一边，你表妹所提出的方案正在圣文森特医院（St. Vincent's）进行得如火如荼，圣文森特医院是修女们去年卖给圣路易斯（St. Louis）的一家医疗公司的。"

伯诺尔接着说："尽管医生们既没有所有权也不分享红利，但他们还是很支持这项举措。这个问题我已经思考了很长一段时间了。这让我十分困惑。不过，我可以这样来解释。像我们这样的非营利性社区医院，看中的不只是高效率。托管人因为参与公益事业，自己也觉得脸上有光，如果你说我们是商业组织，那他们会做何感想呢？他们又怎么愿意再在董事会占有一席之地并继续贡献出大量的财力呢？内科医生和经济效益就更扯不上关系了。如果医院是他们的，他们会觉得收益是有意义的。如果医院是一家公司的，他们就会尊重甚至还会过分尊重商业人士。如果这是一家社区医院，同时又是一项公益事业，那么，它的意义是不言而喻的……"

问题

你怎么看待伯诺尔博士的解释？还有，波利茨和伯诺尔可以改变托管人和内科医生的观点和态度吗？如果他们未能成功（通常，这类尝试都以失败告终），他们应当转而添置昂贵的临床护理床位，继续进行花费不菲的资金募集运动吗？或者，他们是不是应该让州有关部门出台规范政策？

4

第四篇
高效率的工作与有成就的员工

MANAGEMENT CASES

案例 15 | CASE 15

工作简化与市场营销高级主管[一]

731 部门

尊敬的 P. W. 布朗先生：

按照我的理解，以下的报告是在最近一次交响音乐会之后你手下的一位工程师写的。你鼓励部下提出建设性的改进意见，减少不必要的浪费，精神可嘉，特此表扬。

T. V. 豪斯[二]

西尔斯·罗巴克公司董事会主席

[一] 本案例由编写本案例的作者约翰·A. 奥尔德里奇之子 R. A. 奥尔德里奇提供，并得到了 R. A. 奥尔德里奇先生的许可。
[二] T. V. 豪斯先生在西尔斯公司任职 30 多年，是市场营销领域的专家，详细内容可参阅其文章，*Journal of Marketing*, Vol.23, No.4, p.363. http://www.jstor.org/action/doBasicSearch?Query=T.V.+Houser&dc=All+Disciplines (accessed May 31,2008).

在小提琴数量较少的情况下，如何提高效率

在相当长的一段时期内，四个双簧管演奏员没有任何事情可做。双簧管演奏员的数量应该减少，整个音乐会期间的工作分配应该更加均衡，这样就可以避免工作过分集中于某些人的身上。

12 把小提琴全部都在演奏同样的曲子，这仿佛是不必要的重复。小提琴演奏部的人员应该大量削减。如果需要高分贝的音量，可以使用电子乐器。

演奏三十二分音符占用了大量的人力，感觉上这是不必要的精益求精。建议所有音符都调整到最接近的十六分音符。如果可以这样做的话，就可以大量使用实习生和低档次的演奏员。

有些乐章感觉上有太多的重复。配乐应该大幅度删减。用管乐器重复演奏弦乐器已经演奏过的乐章，这没有什么实质性的作用。如果把所有多余的乐章都删除的话，估计两个小时的音乐会就会压缩到 20 分钟，这样中途休息就没有必要了。

乐队指挥已经同意了这些建议，但同时也表达了下列意思：票房收入可能会减少。那样的事情不太可能发生，但一旦发生，就应该完全关闭礼堂的一部分来节约管理费用、照明费用和考勤费用等。

约翰·A. 奥尔德里奇

西尔斯·罗巴克公司（1946～1957 年）研究室主任

写于 1955 年 6 月 16 日

问题

根据豪斯先生在营销方面的专业知识，你认为是什么让他赞扬奥尔德里奇的这份奇怪的建议书？

案例16 | CASE 16

陆军后勤部㊀

陆军后勤部（The Army Service Forces）由富兰克林·罗斯福总统于1942年建立，这是陆军部（Department of the Army）三大自行管理的部门之一。它的职能是在第二次世界大战期间为美国陆军提供服务和供给。第二次世界大战结束后，它于1946年6月进行了改组，更名为军需部（Department of the Army Staff Support），并沿用至今。

不管从哪个方面来看，这个部门都表现卓越，为赢得战争的胜利做出了杰出的贡献。以下是哈罗德·A.巴恩斯（Harold A. Barnes）准将在约翰·A.奥尔德里奇（John A. Aldridge）陆军中校接受吉尔伯斯奖章（Gilbreth Medal）典礼上的发言。巴恩斯准将是陆军后勤部的副军需官，他讲述了奥尔德里奇中校的卓越贡献。㊁

㊀ 本案例也是由R. A. 奥尔德里奇先生许可并提供的。
㊁ Pbase.com, Army Services photo. http://www.pbase.com/sfce7/image/43809017 (accessed January 15, 2008).

当有人给我打电话，要我今晚简单给你们谈谈我的朋友约翰·奥尔德里奇的时候，我想了想，决定还是说说他职业生涯中的一个特殊阶段。这个阶段是从那些关于"工作简化和工作评估"的冷冰冰的统计数据评价中看不出来的，但他确实功不可没。诚然，这些数字是让人惊叹的——到1944年年底为止，"工作简化和工作评估"计划共测定了375 000名员工，裁减了66 000个岗位。不过，光看这些数据而不了解这个工作的背景，我们还是很难有一个全面的认识。

在过去的几年中，陆军后勤部从事的每一项活动都有过大发展，其目的只是更好地履行其主要职能——保障供给。然而，你不设身处地地想一想，就不会明白别人的问题。那么，就让我来问问你们，假如你处在一个庞大机构的总裁位置，董事会突然要求你在一年的时间内把机构的原有规模扩大100倍。你得对扩建的事情全权负责，同时其他的事情也不能落下。我猜想，在这个时候，所有那些与做好这一工作不相干的事情，你都不会理睬。你可能会对管理改进方案持怀疑态度，像工作简化和工作评估之类的东西你统统都不会太相信。再加上战争的残酷，风云变幻，世事难料，摆在指挥官面前的棘手问题就可想而知了。另外，还有致命的人员短缺和物质匮乏问题。这就是你必须要应对的局面。

这样一种形势，一方面迫切需要广泛推行工作简化措施，另一方面又给管理人员抵制工作简化方案提供了口实。它需要人们明白工作简化将会给大家带来的好处，明白对各个层面管理工作的分析与改进将会给机构带来的深远影响。简而言之，它需要最好的推销手段。

奥尔德里奇中校圆满地解决了这个难题，这给陆军后勤部的管理人员留下了深刻的印象。尝到改进基本操作流程甜头的管理人员们，成了工作简化方针最积极的拥护者。当通过工作评估以后效率得到进一步提高时，良性循环就形成了。无论他们接到什么任务，都表现得更好、更机警、更有效率。

我介绍一下我们陆军军需部队实施工作简化方案的经过，借此说明一下我的观点。1943年年初，陆军后勤部的所有技术服务领域都在推行工作简化运动。说实话，当时我们自以为办公室、工厂和仓库的现状都挺好的。军需部的运作模式和工商企业的活动极其相似。所以，我们从相关的行业引进了大量的优秀管理人才，作为受命的军官或者平民百姓。除此之外，我们的许多军官都是他们各自专业领域里公认的行家里手。我们还在军需主任的办公室里推行我们自己的工作简化方案。奥尔德里奇中校展现在我们面前的工作简化方案，让每个人都心悦诚服，给我们留下了深刻的印象。

在整个陆军后勤部推行的这两个方案都由奥尔德里奇中校负责技术指导。这是我军旅生涯中所见过的最明显提高管理和控制效率的案例。在过去的两年中，绩效提升达到了前所未有的高度，它所取得的效果不仅限于军队的管理者，对先进的企业和政府管理者也都有启发意义。

在实际工作中，我们亲眼见证了奥尔德里奇中校所使用的那些合理、简单、直接的方法都是易学、易用的。我想再次强调的是这些方法易学、易用。他把复杂的程序提炼成为切实可行的要点。在我看来，简单、可行就是奥尔德里奇中校最了不起的贡献。他出类拔萃的化繁为简、切中要害的能力对陆军后勤部具有不可估量的价值，对赢得战争的胜利做出了不可磨灭的贡献。

他在军需部所取得的成绩远远超过了我们的预期。我们不仅节约了大量的人力、原料和设备，我们的骨干力量还深刻懂得了提高管理人员效率的重要性。

然而，并不是只有军需部才取得了这些成绩，热衷于实行此方案的其他技术部门也都受益匪浅。在军需部，工作简化方案给我们带来了以下好处。

- 取消一切可有可无的工作，简化一切不必要的程序，以达到控制和节省人力的目的。
- 通过更有效的规划和对机械设备更充分的利用，以达到节省空间和设备的目的。
- 熟悉工作分析的方法，提高整个组织所有员工的管理意识，以改进工作层面上所有管理者和操作人员的工作方法。

正如我前面所说的，通过材料处理工作简化方案和工作评估方案，我们的管理人员就有可能全面参与到集中提高管理人员效率的活动中去。在这些项目中，奥尔德里奇中校总是在技术上领先一步。在当今这个竞争异常激烈的社会中，谁的团队更强大、更有效，谁就是最后的赢家。以前，有些工作是必须由程序专家和工业工程师负责的，奥尔德里奇中校却让管理人员参与到其中。这样一来，他开始思考管理的一个前沿领域，那就是人际关系。他意识到，程序是可以改动的，制作这些程序的人却难以被改变。工作量和产量标准可以精确地测度，人性却不可以。人力资源管理萦绕在我心头已经多年了。我带着浓厚的兴趣，目睹了奥尔德里奇中校将我们庞大的管理队伍的运作效率提高到一个新水平的过程。

如果你有意学习他的方法和方案，就应该像我一样，认识到奥尔德里奇中校一直在强调这样一个事实：任何管理问题，归根结底都是人的问题。他很重视如何了解员工，鼓励员工，观察他们的工作，给他们极大的信心，让他们持之以恒地把本职工作做好。他在科学技术和管理方面所做出的杰出贡献，使他获得了吉尔伯斯奖章。这一崇高的荣誉，是对他非凡成就的最好肯定和证明。

我们所有陆军后勤部的人都为约翰·奥尔德里奇感到骄傲。作为一个中校，他在军队里取得了非凡的成就；作为一名工程师，他在自己的专业领域里实现了突破。他的这些成就，让我们非常骄傲。同时，他还是一个友好、有同情心、真心诚意的朋友。和他共事，我们感到无比荣幸。

谢谢你们。

问题

弗雷德里克·泰勒（Frederick Taylor）提出的科学管理思想最终迎来了工业工程领域的诞生。约翰·A.奥尔德里奇（1905—1978）是遵循泰勒方法的一名工业工程师。科学管理思想和泰勒本人引起了人们普遍的争议。人们认为，将工作结构化，使其成为机械而乏味的重复劳动，这是非人性化的。请结合奥尔德里奇在陆军后勤部运用科学管理思想的具体做法，评价以上的说法。如何才能调和这些批评与本案例所讲述的故事？应当如何评价案例15呢？

CASE 17 | 案例 17

如何分析和安排知识性工作

如果有一根跳绳，苏珊·宾克利（Susan Binkley）一定会在众目睽睽之下沿着纽约的派克大街一直跳下去。她在每个红绿灯下都像个芭蕾舞演员一样，踮着脚尖转圈。她大声唱着歌，音乐剧的片段、民歌、摇篮曲，不管是什么，想到就唱。自从上中学以来，她就从来没有做过这么疯狂的事情了。有些过路人投来惊异的目光，还有些人笑着看看她——这个漂亮的姑娘这么高兴，应该是谈恋爱了吧！

不过，并不是爱情让苏珊在派克大街上高兴得手舞足蹈，而是因为，她成功了！她已不是一个中学生了，而是一个29岁的新时代职业女性，平日里不苟言笑。就在一小时前，国家公民银行（Citizens National Bank）对公业务部高级副总裁、第二把手让她去他的办公室，告诉她说："我首先要祝贺你，执行委员会今天早上提升你为对公业务部的官员。从你当实习生开始，这才不过短短的3年时间，我在银行工作14年了，从未见过谁被提升这么快。还有好消息，我知道你很有抱负，有自己的打算。我记得你在休斯敦分行工作的三个月是你最愉快的经历之一。休斯敦分行的总负责人比尔·哈里斯（Bill Harris）几天前打电话过来，问你什么时候才能过去当他的助理。所以，我们希望你能尽快过去。七周后，比尔要休假，你就得及早过去，他也好向你交代各方面的事宜。他走了以后，你就是执行经理了。今年年底，我们想把比尔调回纽约，接管石化部门。如果你和哈里斯都表现出色，那么你就会接替他现在的工作。一年之内，你就由助理副总裁变成副总裁了。"

苏珊心想，我两天后就可以去休斯敦了。这正好是一个名正言顺的理由来结束她和汤米的关系，省去了很多眼泪或者争吵的场景。想想就觉得好极了：苏珊啊苏珊，你就由一个银行职员变成助理副总裁了，将来还会当上副总裁呢。她还会继续努力，将来成为这个大清算银行董事会的首任女主席。

苏珊 22 岁从大学毕业的时候，从来没有想到过要在银行里面工作。她学的是美术专业，希望毕业之后从事商业广告工作。如果再坚持几年，她也许也能成功。不过，她厌倦了一个一个地去找广告经纪人，看能不能给自己点业务。她厌倦了一遍一遍地为百货大楼的广告画女式睡衣。最让她受不了的是天天吃坚果和黄油就三明治，因为囊中羞涩，她买不起更好的了。一个偶然的机会，她听说了国家公民银行在招实习生。为了避免造成性别歧视的误解，他们还特别说明了要招女性。面试她的人力资源部主管不太满意她是学商业美术出身的，不过得知她在大学里面修过几门计算机课程后，他紧锁的眉头稍稍舒展开了一点。银行也确实需要一名女性实习生。就这样，26 岁的苏珊开始接受管理培训了，同时还抽晚上的时间去商学院上课，以便拿到工商管理硕士学位。人力资源部的人还特别指出，这将作为以后转正的一个必备条件。苏珊发觉自己还挺喜欢银行工作的。大部分的课程她都喜欢，只是讲信用证的那三个星期过得不太愉快。她这个从小就不喜欢读书的人，竟然喜欢上了商学院，尤其是会计学和管理学引起了她浓厚的兴趣。而且，她的统计学成绩也得了个"A"。当她三个星期以前毕业的时候，她是班上成绩最好的学生，还作为优秀毕业生代表在学校毕业典礼上发言。如今，她准备要去管理休斯敦分行了。

比尔·哈里斯也还不错，就是没有太高的热情和太多的创新。他曾受过良好的训练，她从他身上学到了不少关于信用分析的知识。但他思想陈腐，还觉得客户应该卑躬屈膝地来贷款。休斯敦分行需要大胆创新的市场策略。她从休斯敦回到纽约的时候，向副总裁提及过这个问题。当时觉得可能自己搞错了，不过现在想想，副总裁应该也同意她的看法，不然现在就不会把她派到休斯敦去了。尽管在出现针对她的许多尖锐批评时比尔保持了沉默，但是时隔三个月，比尔仍然无法接受这样的事实——一名女性要当银行家！现在，他居然要求苏珊过去！

休斯敦的业务能够轻轻松松地翻一番。顾客资源丰富，银行服务合理，价格公道。分行需要建立组织结构，比尔·哈里斯在日复一日重复着相同的事情。还好，她管理学期末考试的论文写的就是这个题目，老师还给了她一个"A+"。她的论文题目是"论银行业的规划、组织、整合与评估"。所以，她的出发点很明确：当哈里斯外出度假时，她应该对休斯敦分行的了解足够多了，这样就可以将计划付诸行动。不过，管理学的教授还说过："当你完成了一个公司或单位的规划和组织工作以后，你最好分析和安排一下个人的工作，尤其是知识性员工的工作。工作是人做的，而不是单位或公司做的。知识性工作远比体力性工作需要更多的系统分析和组织领导。知识性工作是科学管理理论应用中最重要的领域。"

苏珊说："好的，我的工作应该从担任这个单位的管理者开始。这个单位有哪些部门？我如何改进每一个部门？我需要掌握什么信息？需要运用哪些方法？如何与其他部门配合？在我分析了我自己的工作之后，我要做两个最重要的工作——营销贷款和分析贷款用途。但是，我需要做的不是时间与行为研究，我需要对工作中的所有重大举措进行审慎的分析。"

问题

你认为苏姗对知识性工作的理解是正确的吗？我们应该如何去发现知识性工作中的关键领域？

CASE 18 | 案例 18

能不能学会管理下属

当汤姆·麦克沃伊（Tom McAvoy）在一起反托拉斯案件中以法律研究员的身份进入电磁感应技术公司的法律部时，他才27岁，刚从法学院毕业三年。当时，这家公司拥有5000万美元的销售额，几乎是在北美洲进行独家经营——实际上只是在美国经营，因为那时加拿大分支机构顶多还只是一个销售处。到汤姆·麦克沃伊45岁的时候，他是一家公司（现在更名为Emitco）副总的法律顾问。该公司拥有17.5亿美元的销售额，主要经营业务集中在所有的发达国家，特别是占公司销售额1/3的欧洲共同市场。汤姆·麦克沃伊的父亲曾经是一位外交家。汤姆在国外度过了他孩提时代和青年时代的大多数时间，然后再回到美国上大学和法学院。因此，汤姆掌握了多国语言，法语、德语、西班牙语都很优秀，意大利语的水平也足够应付生活和工作需要。在欧洲的谈判和法律事务自然是他分内之事。他已经成了在欧洲开发分支机构网络的主力人员。

同时，汤姆是 Emitco 欧洲公司管理委员会的一员，他大约一半的时间都待在欧洲，处理欧洲业务。

麦克沃伊想在欧洲生活，这不是秘密。当他建议在巴黎建立公司的欧洲总部时，公司中多数人认为，麦克沃伊的选择是出于对这座城市的热爱。当公司的欧洲区副总裁向总部申请在他 60 岁生日时（从现在算起还有九个月）退休的时候，麦克沃伊会成为他的继任者毫不让人奇怪。令人高兴的是，欧洲公司的领导已经和麦克沃伊密切合作了许多年，并且他们发现麦克沃伊勤奋、知识广博、易于相处。相比而言，他们却很难与 Emitco 总部的另一些人合作，那些人当中的大多数来自中西部的小城镇，他们从未在自己国家以外的地方生活过。

麦克沃伊获得了晋升，却忧心忡忡。他意识到，他一直都是一名出色的员工，却从未管理过人——他一直都是人事专员。而现在，在九个欧洲国家，有九位经理和 19 000 员工向他汇报工作。因此，他要求请三个月的假期，表面上是送他十多岁的孩子们上寄宿制学校，搬家到巴黎，实际上则是准备提高自己的经营能力。作为一个认真的人，他列了一个很长的人力资源管理图书目录，并且读完了所有的著作。然而读得书越多，他反而感到更迷惑，这些书涵盖了人力资源管理的所有步骤，而麦克沃伊决定把这些步骤交给人力资源部门。另外，他们所有的人都将会讨论麦克沃伊应该是或者将要成为怎样的人。但是，他应该做什么呢？他知道，他迫切地需要树立自我形象。他充分认识到，一个人之所以得到提升，是因为他知道，在履新的最初几个月时间里必须在新岗位上树立自己的威信。他知道，对于他而言，工作中唯一陌生的东西是管理人，这对他而言完全是新玩意。

他非常强烈地感受到，他必须预先知道该做什么和不该做什么。他深知，即兴发挥并不是他的工作风格。

最终，三个月的假期就要结束了，他不情愿地向最初雇用他的Emitco公司董事会已退休的前主席寻求建议。在当时，乔纳森·福布斯已经是一位执行副总裁了。不久后，他成为总裁和首席执行官，还是Emitco公司发展壮大的总设计师。福布斯从未成为过书本上所描绘的"老板"；他曾经是严峻的、冷酷的、挑剔的、批判的，也是疏远的。但是，麦克沃伊很尊重他，Emitco公司的其他许多人也是这样的。麦克沃伊相信，Emitco公司的成长和发展得益于福布斯对人的管理——他能够把不同的人团结在一起。

当麦克沃伊在科罗拉多温泉找到福布斯时，他正在退休度假，表情很冷漠。麦克沃伊解释拜访原因后，福布斯就变得热情了。"汤姆，你的担心是个很好的信号，"福布斯说，"也许你唯一要做的，就是做好自己的本职工作。管理人不是很难的——如果你知道管理人是你的职责，是你的工作。唯一真正重要的事情是……"

问题

你如何续写文末的句子？你为什么认为你说的事情是人员管理中唯一"真正重要的"事情？当今的成功管理者会认同你的观点吗？

案例19 | CASE 19

怎样为"没前途"的工作岗位配备员工

很长一段时间,这家全美最大的百货连锁企业之一的零售企业一直"享有"全行业内最恶劣的劳资关系的"盛名"。这家连锁企业位于美国东部。20世纪50年代后期,这家企业就在一系列攻势凌厉的宣传推广下揭起了校园招聘的热潮。到1980年前后,这家企业涌现出了许多整个行业内都急需的优秀人才;与此同时,我们也不难想象,它也引发了很多棘手的劳资关系:无休无止的罢工游行,管理阶层和被雇用者之间不可调和的矛盾,还有一个誓将企业搞破产的富有斗争精神的工会。

对于一个临危受命、专门受雇来改变这种恶劣情形的人力资源主管来说,要找到问题的根源并不困难——在与六名老资历的员工沟通交流以后,他就找到了答案。20世纪50年代,这家连锁企业的第一名女性高级管理者启动了校园招聘。这名管理者本身毕业于东部一所著名的女子学校,在罗斯福新政后期担任了政府高级官员,而后又成为她母校的理事会主席。在女性的就业机会极为稀少的那个年代,这位人力资源主管的职能完全转变成为女校毕业生提供工作机会,特别是那几所首屈一指的东部女校的毕业生。她派遣招聘人员,携带职位说明书到各个学校去寻找尖子学生,特别是那些才貌双全的优等生。随后,她将招聘到的女生带到公司总部,与公司高层一起对她们进行为期三天的面试和一天的执行能力测试。能力突出者将被聘用并安排到库房,从底层学起。然而,由于在零售行业晋升的机会很少(至少不会晋升到营业员级别以上),通过晋升而离开仓库的人数并不多,晋升到营业员级别以上的人就更少了。大多数的女性结婚后便离开了,这使留下来的人感觉更加痛苦,越发觉得自己像是被出卖了一样。

　　这位新上任的人力资源主管明白,他无法弥补已经给员工们造成的伤害,但他下定决心不再让事态继续恶化下去。他对"仓库是百货公司里进行基层锻炼、学习最好的地方"这一说法表示赞同,但同时,对于大多数在那里工作的人来说,很显然那是一份没有任何发展空间的工作。也就是说,那里不可能有更高层次的岗位。他思考了整个仓库工作的流程后,列出了三个可行的方案。一是根据仓库的实际需求制订招聘计划。他认为,可以招聘文化水平和才能都很有限的人,对于这些人来说,仓库的工作就是一项挑战,晋升到营业员根本就是一种不可多得的机会。他提出的第二种方案是,继续招聘、引进德才兼备的高端院校毕业生,但必须保证这些人能够被系统地安排在高收入和极具吸引力的管理岗位上,特别是小型商场的管理岗位。当然,前提条件是公司内部缺乏这些人才。最后,也是企划书里最根本的一条,他建议公司改变组织职能,这样一来,仓库工作人员将负责库存管理和卖场里面的产品陈列。

这位人力资源主管的每一个方案刚一提出就马上被公司高级管理层否决了。一位高级管理者说:"我们部门所有的主管和采购员都是从仓库工作干起的。除非我们雇用了最能干、最有发展潜力的新员工进入仓库工作,否则,从现在算起,10~15年以后,我们就没有任何管理可言了。而且,通过竞争来安置经过我们培训的人!这简直不可思议!当然,向库房人员赋予只属于管理者和采购员的责任就更是不可能了。"

问题

你能想出方法使高级管理者们认同企划书里每一条建议的优点吗?顺便思考一下,还有没有其他方法来为这些没前途的工作岗位配备员工并让员工们找到工作的满足感和成就感?

CASE 20 | 案例 20

医院里的新培训主管

依照法律规定,美国的所有医院都必须配备员工培训主管,负责组织除医生之外的所有员工的培训,因为医生已经有了他们自己的培训体系。刚开始的时候,培训只限于护士,培训主管几乎总是由有经验的高级护士来担任,现在培训主管却要负责全院的所有培训事宜。在大多数医院里面,培训主管都觉得这是一项令人烦恼而棘手的工作。即使不缺资金,常常也没有时间。而且,除了护士以外,其他人(如 X 射线放射科人员、药剂师、理疗师、社会工作者、精神病案例研究者、营养学家以及所有在办公室工作的人员、保洁员、维修员)都对这个"班门弄斧"的培训主管表示反感。因此,培训主管的工作无疾而终也就再正常不过了。

这种情况在大都会社区医院(Metropolitan Community Hospital)已经在短期内接连发生过两次了。

在任命第三任培训主管之前,医院院长认为应该先向当地大学里面的培训专家咨询一下。院长想就培训计划向专家请教下列问题：医院培训应该开设哪些课程？培训应该采用什么方式？怎样运用区域内大专院校已有的培训设施和器材？培训专家耐心地倾听了大约一个小时后说道："仅仅作为一个患者来说，我不太清楚医院的情况，虽然很少生病的这种经历很值得我庆幸。但是，我想我可以肯定的是，我不会像你想象的那样去做这个培训。课程设置、培训方式、培训内容，这些如果是必需的，那也应该是最后才考虑的。刚才你告诉了我两个重要的问题。一个是，你的那家医院是一所综合性很强的医院，有各种不同性质的工种、不同的背景和不同的需求。第二个是，有三个方面的内容你的员工必须学习。他们需要提高工作方面的技能；他们需要学习怎样在工作中相互配合，比如护士们就需要学习怎样与 X 射线放射科人员和营养学家合作；同时，他们还需要提高照看病人的技巧和耐心。最后，你告诉了我，你们医院里面还有一大群人是不需要接受培训的，那就是文员和管理者。他们在工作技巧方面所需要的知识，在大学的夜校、讲座以及专业的管理论坛中就可以学习到。你的业务经理就可以胜任办公室文员和商务人员的培训主管。

他继续说："剩下的人，我估计在你的员工中应该占 3/4 甚至更高的比例，我建议你从受训者中找一个人，这个人应该认识到，他既是培训师，又是培训的协调者，而不是培训主管。我觉得，这个人应该是个护士。因为护士是医院里面唯一不仅熟悉她们自身的工作领域，而且了解和熟悉医院整个情况的人。并且，在日常工作中，护士不仅仅与医生、病人打交道，还要与各个科室、各个环节的人打交道。告诉你的培训主管候选人，要花三个月的时间与每个部门的员工一起坐下来研究，比如，部门主管和部分工作人员，既要有经验丰富的，还要有没有经验的新手。

告诉这个培训主管，一定要询问这些人他们觉得自己的学习需求在哪里。他们需要了解什么？又需要学习什么？他们需要什么样的知识和信息？需要通过怎样的方法来获得这些知识和信息？要确保他们能够分别从医院工作的技能技巧、医院内部及科室之间的组织关系、病员护理这三个角度来思考这些问题。完成这些工作以后，要让这个新的培训主管向你提交一份报告，说明每个部门、每个科室应该优先学习的内容。然后，你作为培训主管，要和各科室负责人一起，制订出医院内部的培训计划。这样一来，你就能明白你需要什么样的课程，应该在哪些科室成立讨论小组，哪些科室应该有自己单独的培训计划（可能大多数技术部门都需要这样的培训计划），什么时候应该把不同部门、不同科室的人召集在一起，相互学习讨论。最重要的是，首先应该向你的培训主管和部门负责人强调清楚，这个培训主管的第一要务不是当培训师，而是让其他人来当培训师。恐怕不会有人比一个被迫去教书的人能学到更多东西了，因为有了压力，才会学得更多、更好。你追求的并不是一个浩大的工程，需要花费巨额的资金，而是设法在医院里营造一种不断学习的氛围。"

院长对教授的这些观点一点都不感兴趣。他认为，"这些都是常识性的东西。仅仅为了这些，我根本不需要咨询一位大教授。"

问题

你觉得教授的提议如何？这些建议合理吗？切实可行吗？新的培训主管无论是一个多么优秀的护士，在培训方面却很可能是一个新手，这样能行吗？

假设院长接受了教授的建议，你认为三个月或者六个月以后，新培训主管的优先学习内容里面会包括哪些东西？

案例 21 | CASE 21

你是"我们"中的一员
还是"他们"中的一员

在社会上,"劳方"和"资方"一直都是水火不容的。但是,麦格道格拉机械设备公司(McDougal Machine)的劳资关系在资方和工会看来都是出奇的好。在这里,许多工人都是熟练的技师,他们中有些人的收入甚至高于初级管理人员和年轻的工程师和会计员。但是,迄今为止,没有一个工人被提拔进入管理层,更不要说进入高级管理层了。所有从事管理工作的人员都是工学院的毕业生,这些毕业生在担任管理职务之前都分别在一位主管的带领下受过一年的培训,还当过一年至两年的助理。事实上,"劳方"和"资方"这两种人甚至居住在镇上不同的地方。只有在类似举国欢庆的圣诞节的时候,他们的家人才会碰面。他们从来都是泾渭分明的,但这并不是说他们之间相互敌视。事实上,在工作中,工人们和管理者们都直呼其名,一起开玩笑,相互帮助,互相尊重。只有一点,这两个群体讲到彼此的时候,用的称呼分别是"我们"和"他们"。这是由于大家认为,从事管理工作需要掌握实质性的、正式的工程方面的知识,而两个群体显然都认为这样的关系很得当,这再自然不过了。

格雷戈里·艾米蒂吉(Gregory Armitage)进入工厂时是一名年轻的组装线工人,但通过努力成了非常熟练的刀具调整工。他从未对公司的制度提出过异议。对他来说,这种制度甚至还是非常有意义的。格雷戈里是个对机械方面很感兴趣且有抱负的年轻人。因此,当州立大学在当地的分校开办机械专业的晚班课程的时候,他第一个就去报了名。结果,工厂里面的一位经理应邀在学校授课,并且在第一学期的时候就遇见了格雷戈里。当这位经理看到他的部下时,他感到非常惊喜。从此以后,他经常帮助格雷戈里,保证他不间断地学习。比如说,他会在他上课的时候不安排格雷戈里加班,他还帮助格雷戈里申请公司的全额学费补助。尽管严格说来,全额学费补助只是针对领取月薪的员工。

当格雷戈里顺利取得学位以后,他打电话告知了经理。经理向他表示热烈祝贺。然而,他却说:"既然我已经获得了机械专业的学位,我怎样才能申请升职到主管岗位?我相信我是完全称职的。"

经理说道:"你确实有资格申请了,但我不认为那有用,而且我也不建议你那么做。我们管理层的人会欢迎你加入,但是,我怀疑那些人并不会真正接受你。你是'他们'中的一员,是随时可能被解雇的队伍中的一员。他们不会接纳你为'我们'中的一员。就算你把你的家搬到镇上的另一边,他们也不会接纳你。大家会永无止境地去猜测和探究,你到底是'他们'中的一员还是'我们'中的一员。如果你要行使管理者的权力，他们会仇视你；而如果你不行使权力的话，他们又不会尊重你。我很不愿意这样说，但是我想你应该努力争取在其他地方寻找相应的管理职位，你可以一切从零开始，我愿意助你一臂之力。"

格雷戈里接受了这个提议，毕竟，他没有选择。他很快就在另外一家公司谋取到了主管职位，他在这家公司干得很不错，几年之内就被提升为工厂经理。但是，他发现以前那位工厂经理预测得没错：他将被迫和他的家人一起搬迁到另一个地方。几个月过后，他的妻子抱怨说，在以前的老邻居里面她已经没有朋友了。格雷戈里自己也发现，他之前在麦格道格拉机械设备公司里的朋友也慢慢疏远他了。

在"蓝领"之外的领域，这个国家的"他们"和"我们"之间的界限不如工厂里面那么严格。但是，在其他大多数国家，这种划分在办公室和零售商场都一样明显。

问题

严格区分"他们"和"我们"对于一家工厂或者对全社会来说是不是一件好事？管理层能不能采取些措施来杜绝这种情况，或者至少不要做严格的区分？

CASE 22 | 案例 22

中西部金属公司和工会

在人们不断关注医疗服务和迅猛增加的医疗费用之前，代表大部分中西部金属公司（Midwest Metals）小时工权益的工会主席吉里·科华斯基（Gene Kowalski）对公司主管劳资关系的副总裁弗兰克·希德（Frank Snyder）说："我们的工友越来越不满意公司的医疗保健制度。他们觉得，医院给他们提供的是次等人的医疗服务。我翻看了他们的投诉，也深有同感。您最好能就此事采取相应的措施。"人事关系副总说道："吉里，这只是一个巧合。我也在主管们甚至整个管理层中听到过类似的投诉。同时，公司的照看病员服务质量在下降，成本却在不断上涨；公司高级管理层要求我必须在情况没有失控以前采取措施解决问题。因此，几周前，我让我们的医师弗伦斯（Furness）跟进解决。她的报告昨天已经交给我了，我正准备打电话，叫你来一起商量解决办法。弗伦斯医生认为，我们应该将现有医疗制度转变成预付费制，它有点类似于最早出现在加利福尼亚州的凯泽永久医疗计划（Kaiser Permanente Health Plan），也就是向医生或医院预先为每一个员工支付一定数额的费用，而不是现在这种在员工治疗以后才支付治疗费。海伦·福勒斯建议我们对最佳行动方案及其利弊得失进行专项研究。"

科华斯基非常兴奋，因为他正打算设计一个与之相似的体系。然而，他拒绝担任这个调研小组的组长。"依据我们的合同，医疗保险属于管理层的职责，我不能参与拟订这个计划。"但是，他对此项工作保持了高度的关注。他完全同意项目组最后的决议，那就是成立中西部医疗基金会（Midwest Medical Foundation），在全市设立三家诊所，每家诊所配备12~15名领取月薪的医师，同时，这个基金会还要设立自己的小型医院，或许可以考虑公园街医院（Park Street Hospital），这家医院设备优良却陷入了严重的财务危机，也许花一点钱就可以收购过来。中西部金属公司的上万名员工及其家属就可以勉强让该计划运转起来。但福勒斯博士在咨询了本市其他行业的一些同事以后，确信其他的大雇主很快也会加入进来。到时候，新方案提供的医疗和医院护理服务就要远比现在合同规定的内容丰富得多和好得多。一两年以后，就可以节约一大笔钱——大概有40%。尽管如此，希德的态度仍然非常强硬。他认为，公司应该继续像往常一样，预留出一部分资金作为医疗费用。至于节流部分，应该建立一个为期五年的特殊基金，由公司和工会共同决定是否需要将其用来改善医疗保健计划（希德认为这个计划应该包含牙齿护理，至少包括一部分）或用来提高员工的其他福利待遇。

科华斯基确信，他的员工们都会很满意这个计划。他对希德说道："但是，你知道，虽然我还无法预见会有什么麻烦，我还是不同意对合同做任何修改。合同一经改动，就必须得到当地执委会的审批，还要提交给委员们投票表决。"他错了。当他把新方案上报给执委会的时候，遭到了尖锐的质问。"公司执行新方案的成本是上升了还是下降了？"这是大家一直追问的问题。"公司的开销确实减少了，"科华斯基说道，"节省的钱归我们。""不用去管节约下来的钱归谁，"年龄最大、科华斯基最令人尊敬的执委会成员说，"关键的是，公司获益没有？你不能让我和工厂里的任何一个人确信，公司开销减少了是有利于我们的。我们都知道，公司的花销越多，对我们越有利；相反，公司花的钱越少，对我们就越不利。"最后，这个方案被执委会一致否决了。

现在，卫生保健费用当然已经上涨了很多倍，也正因为如此，越来越多的人不再支持福勒斯博士提出的预付费医疗方案了。而且，现在的工会也开始愿意独立进行研究，甚至还可能会一直坚持下去。然而，基本条件并没有任何改变。工会成员和工会领袖们都坚信，衡量员工福利好坏的标准不是看员工们得到多少好处，而是看企业为员工们花费了多少。这一观点得到了好几位管理者的认同，他们也认为，花在员工身上的钱比这些钱产生的员工福利更能体现一个企业员工福利的好坏。

问题

如何解释这一普遍的误解？怎样才能纠正这一误解，并制定出理性并符合成本效益性的员工福利方案？

案例23 | CASE 23

卡雅克空军基地的安全问题

在第一次官兵会议结束的时候,卡雅克空军战术训练基地(Kajak Tactical Airbase)的新司令官留下了他的两位部下,一位是作战部长(chief of operations),还有一位是他的一级安全督察(chief safety inspector)。司令官说:"我知道卡雅克的安全指数在空军战术训练基地中向来是最高的。但是,我并不满足。我要的是一个零事故率的基地。"

"长官,"作战部长说道,"我们尽力了,但是,战斗机本身就具有危险性。"

"他们只是对敌人具有危险性,"司令官敲着手指说,"而不是对我们自己人。"

"我们有三种办法,"一级安全督察说,"而且这三个方面我们可以同时加强。我们要检查设备情况。当然,我们对设备设计和制造缺乏控制权,但是当我们发现了某个事故隐患,或者查出了某一方面的缺陷曾经引发过事故时，我们必须确保对设备进行重新设计，以排除这些隐患。我们要训练、训练、再训练这种发现问题的能力。如果发生了意外，包括无任何伤亡的意外，我们都必须进行彻底的调查。必要的话，我们要改进检查方法和检测设备。当然，如果发现意外是由人为的疏忽大意造成的，就必须引进惩罚机制，严惩不贷。再有，我们可以强化工作细致程度。比如，我自己就一直要求能有更多的训练时间。但是，我认为即使再精细化，也不能再产生任何效益了，因为基地现在的安全系数已经够高了。"

然而，这位新司令官并没有把他的话放在心里，而是让两人各自拿出一套具体方案。同时，他又强调了他要让基地保持零事故率的观点。一星期以后，两位长官提交上了各自的报告。

"我建议经常进行安全竞赛，"作战部长说，"这是一种方法。将一个月内没有出现安全事故的团队名称公布在公告板上，肯定他们的成绩并给予相应的奖励。奖励少数的先进分子往往可以带动大家的积极性，最后收到意想不到的好结果；另外，应确保那些在安全竞赛中胜出的军官和军士可以得到晋升和推荐。""与此同时，"作战部长继续说道，"我们可以借鉴工业企业的做法。我有几个朋友在通用汽车公司工作，他们告诉我，他们使企业做到零事故率的秘诀就是罢职与停职调查。任何事故，哪怕是没有任何伤亡和损失的事故，一旦发生，主管和该主管的上级都要被停职，直至调查结束。如果主管在一年以内发生了两次事故，他就将被免职，其上司也将被降职。只有一种特殊情况可以免责，那就是机械故障，因为这是主观无法控制的。"

"不错，"司令官说道，"尽管我必须首先请示上级部门才可以将某人降职或免职。但是，也许其他方法也可以殊途同归。"

"长官，"一级安全督察说道，"我想起一个同行给我说过的方法，我们也许可以试一下。但是，我还有三个建议。第一，我们应该系统地鼓励做事故预测报告。尽管我们已经拥有一套运作正常的、可以提供安全操作建议的系统，但我还是要建议，让每位司令官和每位督察人员每月上交一份报告。报告的内容应包括他职责权限内的一切事项，哪怕是最小、最细微的潜在安全隐患也必须上报，而不论安全隐患来自机械、操作还是人员配置或者训练方面。第二，基地的每个部门都应定期召开月度安全会议，议题围绕'我们怎样才能让我们的工作完全做到安全可靠'这一问题展开。接着，我的第三个建议就是，每次开会时，我们都要推选一位指挥官或督察人员发言，介绍他认为有效的、使他的军事行动无安全事故的方法。"

"你觉得你能够在不超出政府给我们的军费预算的前提下完成这些事情吗？可以在不破坏军队的战斗效力的基础上完成吗？"司令官质问道。

作战部长和一级安全督察俩人都觉得该方法可行，至少完全可以在基地的某个部门对每种方法都进行一次试验。

问题

你怎样看这几种方案？这几种方案分别代表了哪些管理理念？每种方案可能分别产生什么样的影响？哪一种方案会受到基地人力资源主管的推崇？有没有哪一种方案可能会受到抵制？每一种方案假设的事故起因各是什么？

5

第五篇

社会影响与社会责任

MANAGEMENT CASES

案例24 | CASE 24

从企业形象到品牌形象
柳韩—金佰利公司

> 皮特·帕克（Peter Parker）：不管我未来的生活是什么样的，我永远都不会忘记"拥有超强特异功能的人必定肩负着伟大的使命"。这是上天给我的礼物，也是上天对我的诅咒。我是谁？我就是蜘蛛侠。
>
> ——哥伦比亚影业公司，《蜘蛛侠》

文国现是韩国首尔一家名叫柳韩—金佰利公司的首席执行官。他始终坚信，私营企业在资本主义社会拥有巨大的能量，而与这种能量相伴而生的就是沉重的社会责任。文国现先生主张"个人不可以进行社会竞争和社会变革，重大的变革只能由拥有相当实力的企业或者组织来完成"。

从1984年开始，柳韩—金佰利就参与了一场环境改良运动，这场运动被称作"保护绿色韩国"。柳韩—金佰利的这场"保护绿色韩国"运动是一家成功私营企业实力的体现，也是它履行环境保护责任的体现。柳韩—金佰利确信，企业履行社会责任直接关系到吸引潜在消费者。这是私营企业的最终目的。

例如，柳韩—金佰利公司发起的"保护绿色韩国"运动（见图24-1），正如它的名字一样，目的就是通过植树造林（重新造林）提高环境质量。柳韩—金佰利公司专门成立了一个基金，用于组织造林学方面的专家、学者来研究再造林工程。柳韩—金佰利公司还为它所在区域的年轻人和新婚夫妇提供企业赞助计划和教育机会，让他们可以学会植树、造林、耕作以及在国家森林里保护树木的幼苗。从1996年开始，柳韩—金佰利公司还发起了环境调查活动。这一调查为后来出版43项有关环境保护的学术研究成果提供了数据和事实依据。第三个保护朝鲜半岛环境的举措是，1999年柳韩—金佰利公司启动了对朝鲜植树造林的援助工程，详见表24-1。

Keep Korea Green logo

图24-1 "保护绿色韩国"运动的徽标

表24-1 朝鲜的造林数目

年份	1999	2000	2001~2002	2003	2004	2005	2006	2007
植树量（棵）	2 167 830	130 000	211 750	30 115	131 096	203 804	10 000	6 000

从企业形象到品牌形象

柳韩—金佰利公司在韩国女性用卫生纸巾市场的垄断地位在1993

年宝洁公司（P&G）进入市场的时候开始衰退。宝洁公司生产的帮宝适（Whisper）牌纸巾，由于它的强吸收能力和小巧的设计，占据了许多经销商那原本属于柳韩—金佰利公司产品的货架。为了使自己的产品区别于帮宝适产品，柳韩—金佰利公司开发了一种名为怀特（White）的新产品，市场定位在女性月经期间的清洁使用，让女性在月经期间远离污物的困扰，保持其清新干净的形象。这个清新形象的定位为柳韩—金佰利公司赢得了大批客户，也让柳韩—金佰利公司在1999年夺回了其市场垄断地位。

文国现先生认为，怀特产品之所以取得成功，是因为消费者在心目中将其与柳韩—金佰利公司作为环境友好组织的清新干净形象联系在一起，而这一企业形象正是通过"保护绿色韩国"运动建立起来的。

问题

德鲁克认为，组织应当首先努力实现它的首要使命。植树造林和柳韩—金佰利公司的业务有直接关系吗？如果没有，柳韩—金佰利公司应该怎样进行调整？

CASE 25 | 案例 25

印第安纳州布莱尔镇的皮尔利斯淀粉公司

居住在印第安纳州布莱尔镇（Blair）的人都知道，皮尔利斯淀粉公司（Peerless Starch Company）是当地最大的企业。皮尔利斯建造在一条水流缓慢的河边的小山上。它的外形设计看起来就像是印第安纳州的"伦敦钟楼"。它在当地人心中的地位，远远超越了它本身在外形方面给人的震撼力。

皮尔利斯是当地最大的雇主。小镇的总人口大约是 120 000 人，而它就雇用了超过 8000 人，相当于每户四口之家里就有一人受雇于皮尔利斯。只要是皮尔利斯的技工或专业技术人员，工资都是同行中最高的。而且，在布莱尔当地所有的大型企业中，皮尔利斯也是唯一一家本地化经营的企业。皮尔利斯的高级管理层都在本厂的五楼里办公。这栋办公楼是 20 世纪 40 年代修建起来的"新大楼"。上至首席执行官（创始人的孙子）下到普通员工，都是清一色的布莱尔当地人。所有的员工都从淀粉厂里面干起，再一步一步被提升。因此，很多人家里几代人都是皮尔利斯的员工。

皮尔利斯于南北战争时期在布莱尔成立，当时公司的创始人发明了一种从玉米中提取淀粉的方法。直到 20 世纪 40 年代，皮尔利斯都只有一家淀粉厂。然而，第二次世界大战结束以后的几年间，皮尔利斯公司的生意就迅速繁荣起来，很快就接连开办了另外三家淀粉厂，它们分别位于伊利诺伊州、得克萨斯州和俄勒冈州。其中，20 世纪 50 年代后期建在俄勒冈州的工厂规模最大。

但是，皮尔利斯公司欣欣向荣的发展，并没有带动布莱尔镇的经济同步发展。第二次世界大战期间，布莱尔镇的经济还是比较繁荣的。但是随后，它就开始陷入了衰退。镇上一个接一个的工厂开始裁员，最后不得不宣布倒闭。皮尔利斯公司在布莱尔的淀粉厂似乎是经济萧条、衰退大环境下唯一的例外。但是，表象是具有欺骗性的。事实上，皮尔利斯公司在布莱尔的淀粉厂也陷入了严重的经济危机，它能继续运作完全是因为皮尔利斯淀粉公司在其他区域的成功经营。

虽然皮尔利斯公司布莱尔工厂的收入大约占整个皮尔利斯公司收入的 1/5，但是布莱尔淀粉厂雇用的员工包括了皮尔利斯公司几乎一半的小时工和 3/4 的管理者及专业人员。与公司在其他地区的淀粉厂不同，布莱尔厂并不生产原材料，而是从外面的供应商或其他淀粉厂购买半成品。因此照理说，它的生产人员应该是需要减少的，但是相反，它还需要将人手增加到现在的四倍。

下面列出了布莱尔厂成本高的一些原因，或者至少是存在争议的一些原因。布莱尔淀粉厂就像是一个错误地被装备了现代武器装备的中世纪防御塔楼。例如，皮尔利斯公司所有新建的淀粉厂都是单层建筑，而布莱尔厂却有五层楼，还是双塔式。布莱尔厂从没有解雇过任何人；如果一个工人完全不工作，上级主管的处理方式也只是给他调换一个岗位，让他去做其他工作。如果来了新员工，原先的老员工就会自然而然地升为工厂维护人员，如果他们有任何特长或技术，就会被提升为主管。这样就造成了很滑稽的一幕：一个部门里面的主管比工人还要多！最重要的是，布莱尔厂自认为是一个重视生产量的淀粉厂，因此，很明显它们的生产过程并不重视产品的质量。布莱尔厂最致命、最浪费的问题是，该厂几乎没有合格产品，其次品率差不多是其他厂的两倍。布莱尔厂的质量管理人员检验合格的产品，却遭到商家极其不满意的投诉。实际上，每个人都知道，销售人员几乎没有在销售上花时间，而是把时间花在说服商家不要将有问题的、不能使用的产品退回到布莱尔厂。他们通常采用的方式是，承诺给予打算投诉的商家一个很高的回扣率。这些回扣不会出现在布莱尔厂的直接成本账目上，而是在管理成本的"顾客杂项服务"账户里冲销。

情况越来越糟糕，但是，布莱尔厂所有的人都没有预料到，接下来他们会发生什么变化。在1985年春天的时候，突然之间，所有的事情都凑在一起发生了。

第一，创始者的孙子，管理了皮尔利斯35年的"老人"突然去世了。这样的结果是这个一手创建企业的家族却连一成股份也没有了。随即，之前那些在"老人"还没有过世的时候不敢发表意见的外部董事们，都站出来反对委任他的女婿或者侄子作为继任者。他们从外面为企业招聘了一个叫约翰·路德维希（John Ludwig）的人担任企业的董事长兼首席执行官。这个人并不是布莱尔当地人，更不是什么化学工程师或者技工，事实上，路德维希到皮尔利斯工作还不到四年。现在，他却被一部分外部董事推到了董事长的位置。路德维希起初是一位工业心理学家，教过书。随后，他担任了美国国防部的培训专员。再后来，他进入了福特汽车公司，负责处理劳资关系方面的问题。他曾经帮助重组了福特公司的一个大事业部，后来又担任了一个较小的事业部的总经理。1981年，他加盟皮尔利斯公司，是该公司的第一位"职业经理人"，至少是布莱尔工厂的第一位，当时他担任总裁的行政助理。以前，"老人"让他成天忙于其他工厂的业务，因此，他对布莱尔厂知之甚少。虽然他有好几次都想辞去这份对他来说费力不讨好的工作，但现在他总算当上了总裁。

第二，在老总裁去世以前，皮尔利斯公司的处境就已经很严峻了，特别是在布莱尔。市场竞争突然变得很激烈。一些化工企业研发出合成胶水和黏合剂并投放到市场，石油公司和橡胶公司也开始在市场上展开竞争，而像石油公司和橡胶公司这样的企业以前是从来不会在胶水市场上参与角逐的。皮尔利斯公司和其他一些公司以前都有完全属于他们自己的市场，大家都尽量不染指别人的地盘或者不使对方太难堪。但是，新来的厂商并不知道这一行规——不能通过降价或提高产品品质来达到扩大市场份额的目的；它们唯一能做的只是将整个市场打乱。更糟的是，新进入者的成功似乎彻底颠覆了过去那些所谓的"行规"。

第三，伊利诺伊州、得克萨斯州和俄勒冈州的新工厂都是独立管理的。其中，俄勒冈州的新工厂经营状况尤其出色：他们不但开发了盈利极其可观的新人工合成材料产品线，而且很快成了行业领袖（他们甚至没有告诉布莱尔总部研究所的人这一点）。布莱尔的工厂却面临着倒闭的危险。供大于求，商家们已经不能再容忍布莱尔工厂的产品质量，或者说它根本就没有质量可言。不论销售人员怎样拼命劝说，商家们都是整车将货物退还回来，还经常附上一张便条："别再来骚扰我们了，我们已经和别人签订购货合同了。"布莱尔工厂也因此而打破了常年收支相抵的局面，陷入了赤字。1985年年中，布莱尔的工厂与其他三个工厂相比出现了巨大的亏空，整个皮尔利斯公司不再有任何利润，赚的钱刚刚够偿还长期债务的利息。很明显，布莱尔工厂正在让皮尔利斯公司流尽最后一滴血。

路德维希一当上总裁，就找到了布莱尔工厂管理层中最有能力的人——布莱尔工厂的厂长助理，去调查研究怎样才能挽救布莱尔。这位助理的建议是，投入2500万美元对布莱尔工厂进行现代化改造。他承诺，有了这笔钱，保证可以为皮尔利斯公司打造一个和国内其他现代化工厂一样的工厂（如果重新修建的话，大概要花费6000万美元）。现代化工厂的就业人数将从8000人降到2600人。

路德维希决定，在厂长助理完成调研任务之前不采取任何行动。在厂长助理进行调研期间，路德维希也没有闲着。他亲自仔细研究了皮尔利斯的财务状况，这些资料在之前都是绝密的。路德维希一眼就看出，布莱尔的财政状况根本就不堪一击。唯一的整改措施就是关闭布莱尔的工厂。现存的伊利诺伊州工厂和俄勒冈州工厂完全可以用布莱尔工厂的一小部分成本生产出等量的高质量产品。关闭布莱尔工厂要衍生出一大笔短期运营成本，主要是遣散费，但是不出六个月，皮尔利斯公司就能扭亏为盈。然而，如果不关闭布莱尔工厂，无论其技术改造如何成功、设备如何现代化，充其量只能达到盈亏平衡。改造布莱尔工厂所需要的资金是皮尔利斯能够动用的所有贷款，但前提是皮尔利斯还能用自己岌岌可危的信用申请到这笔钱。

这个结论让路德维希感到非常不安。他很清楚皮尔利斯公司在布莱尔的工厂对整个布莱尔镇来说意味着什么。没有了工厂，整个镇上的人都将会失业。路德维希现在仍然还记得，在经济衰退的时候，他的父亲，密尔沃基市（Milwaukee）汽车厂的一位机械师，整整三年都没有工作的痛苦日子。路德维希也知道，他必须赶快做出决定。在他被推选为总裁的时候，他就请求董事会给他六个月的时间弄清楚情况，而董事会也只是勉强同意了。那时候，他们都不知道情况究竟有多糟糕。在1986年1月召开的第二次董事会上，他就应该告诉他们，1985年的头九个月情况就已经很糟了。当然，如果他真的那样做的话，在那次会议上，董事会成员也会要求他给出一个确切的解决方案。

作为一个商业决策，关闭布莱尔工厂是势在必行的。但是，皮尔利斯公司对于布莱尔镇的社会责任是什么呢？对于那些以在布莱尔工厂打工为生的居民们而言，皮尔利斯公司的责任又是什么呢？路德维希对这些问题的考虑越多，就越觉得皮尔利斯公司有义务挽救在布莱尔的工厂，从而挽救整个小镇。机会是公平的，拯救计划也许会成功。事实上，路德维希自己也不能完全确信董事会会同意他这么做，他甚至觉得董事会很可能会让他辞职，而不是给他2500万美元去拯救布莱尔。但是，良知和社会责任感让他必须冒险试一试。在向董事会建议对布莱尔进行现代化改造之前，为了慎重起见，路德维希找到了他的老熟人格兰·班克斯特（Glen Baxter）一起讨论。班克斯特和路德维希是同一所大学的同学。他的志愿是当一名牧师，也确实在神学院念过一两年书，后来转向经济学，现在是代表皮尔利斯工人权益的工会的经济顾问。其实，路德维希更感兴趣的是获得班克斯特的支持，而不是得到他的建议，尽管他私底下一直认为班克斯特有点激进，是个古怪的家伙。但是，路德维希知道，他需要工会支持他关于改建布莱尔工厂的决策。路德维希觉得，只要他的计划得到了工会的支持，他就有信心让董事会考虑这个计划。路德维希很有把握的是，班克斯特一定会支持他的计划，为2600名工人保住工作机会。

　　出乎路德维希的意料，班克斯特的态度和路德维希预想的完全不一样，他完全站在了路德维希的对立面。"将那么一大笔钱投在改建布莱尔工厂上，"班克斯特说道，"这不但是愚蠢地浪费了金钱资源，而且还是对社会完全不负责任！你不仅仅是布莱尔工厂的负责人，你还是在布莱尔员工外的8000名皮尔利斯公司员工的负责人，而你却打算牺牲8000名员工的利益去拯救布莱尔工厂的那些员工。你没有权利那样做。就算你成功了，保住了布莱尔工厂，皮尔利斯却可能会失去支付遣散费和员工工资的能力。到那个时候，你是不是要开除更多的人来筹集扩建、改建其他工厂的资金，以保证那些工厂顺利运营呢？好吧，约翰·路德维希，在布莱尔，你的计划或许能让你成为那些人心目中的英雄，他们会觉得你为他们谋得了最大的福利。但对我来说，你不过是一个下贱的蛊惑人心的政客。作为一个企业的领导者，你应该做正确的决策，而不是借由某些决策来让自己成为风云人物。"

　　"当然，"班克斯特说，"作为代表工人权益的工会，我们应该尽最大努力，让皮尔利斯公司为因为布莱尔工厂倒闭而失业的那些人们做出最大限度的赔偿，为工人们争取最大限度的权益是我们的责任和义务。布莱尔工厂的管理不善导致工人失业，如果你仅仅是出于对那些失业工人的怜悯而做出一个决定，而这个决定又很可能会危害企业里依靠这份工作来生活的其他员工，那你就是对社会的不负责任。"

问题

班克斯特的话有道理吗？在当今社会里，成功的管理者会同意他的观点吗？

6

第六篇
管理者的工作与职责

MANAGEMENT CASES

案例26 | CASE 26

阿尔弗雷德·斯隆的管理风格

美国企业历史上很少有像阿尔弗雷德·斯隆（Alfred P. Sloan）那样可以受到尊重和礼遇的首席执行官。1920～1955年在通用汽车公司任职期间，阿尔弗雷德一直担任高层管理人员，受到了公司上下的尊重。通用公司的许多经理，特别是那些在20世纪二三十年代长大的，因为阿尔弗雷德的平和、果敢、善良、帮助、建议，甚至仅仅是因为他在他们陷入困境时所表现出来的热切的关心和同情，而对阿尔弗雷德产生了很深的感激之情。然而，与此同时，斯隆却刻意与整个通用的管理层保持着距离。他从不对他人直呼其名，而且就算是高级管理层也只称呼他为"斯隆先生"。也许，这一特点是他那个年代出生的人所特有的。毕竟，他出生于19世纪70年代，1900年前作为高级管理者一直经营着自己的企业。然而，与他同时代的大多数人不一样的是，他对待底特律和纽约通用公司办公大楼的非洲裔电梯管理员也是采用相同的方式。例如，他会称呼他们"史密斯先生"或"琼斯先生"。遇到有新来的电梯服务人员，他还会先向别人进行自我介绍："我是斯隆先生，请问你叫什么名字？"小伙子回答道："我叫杰克，先生。"这个时候，斯隆会很生气地说："我是问你的姓名，先生！"知道别人的姓名以后，他就会牢牢记住。斯隆对于他的高层管理团队成员彼此直呼名字也很恼火。比如说，很多人都知道斯隆对于他的继任者，担任了很多年通用公司总裁的威尔士先生很不满意，因为他与通用的大多数副总裁们用名字称呼彼此。

总的来说，斯隆在通用汽车公司管理团队内部是没有朋友的。在他由于耳聋而不能与人正常交流以前，斯隆一直是个对人热情并相当合群的人。尽管他也有非常亲密的知己，但是，他都与他们淡淡相交。他一直这样生活到90岁。他所有的朋友都不在通用汽车公司工作。事实上，他有一个名叫沃特·P.克莱斯勒（Walter P. Chrysler）的朋友，之前也曾经在通用汽车公司任职，但直到沃特离开通用汽车公司以后，他和斯隆才成为私底下的好朋友。沃特在斯隆的建议和支持下，成立了他自己极具竞争力的汽车公司。

随着斯隆的年龄越来越大，看着自己的朋友一个个年老逝去，他觉得自己越来越孤寂了。尽管如此，他仍然不与通用汽车公司里面的人打交道，也从不邀请同事去他家里做客。他甚至不会与公司里面的任何一个人一起吃饭，除非是会议议程上安排的商务聚餐。同事们邀请他去家里做客他也从不接受，甚至当他们出差路过别人的家乡时，他也不会去别人家里拜访。曾经有一次，他被问及对亨利·弗朗西斯·杜邦（Henry Francis du Pont）的温特图尔博物馆（Henry Francis du Pont Winterthur Museum）的看法。亨利·弗朗西斯·杜邦是皮埃尔·S. 杜邦（Pierre S.

du Pont）的表兄弟，1919～1920年曾经是斯隆在通用汽车公司的上司，并在随后很多年一直担任通用汽车公司董事会主席。"我没有去过杜邦家族的任何地方，"斯隆说，"我们之间只是业务关系。"在他年轻的时候，斯隆是个不折不扣的户外运动爱好者，但是和他一起徒步旅行、一起钓鱼、一起露营的人都不是他在通用汽车公司的同事。直到1955年斯隆退休以后，因为年龄越来越大，旅行对他来说已经越来越吃力了，他才邀请了他在通用汽车公司的同事到他位于纽约的家里做客，但也仅仅是在他的公寓的办公区域讨论公事。这是因为，当时他仍然是通用汽车公司的董事，也是公司最高管理委员会的成员之一。

"作为一个首席执行官，客观和公正是很重要的，"斯隆阐述他的管理风格说，"他必须具备超强的宽容能力，并且不介意员工是怎样工作的，更别说喜欢还是厌恶某个员工。考察员工优劣的唯一标准是看他的工作表现和性格。这是不能与友谊或任何其他社会关系混淆在一起的。一位首席执行官，如果在公司内部和某人是朋友或者和同事有什么其他的社会关系，或者要和员工讨论工作以外的事情，那么他就不可能让自己保持公正或者至少不会表现得很公正，这同样也是很严重的问题。孤傲、保持距离、一本正经，这些也许与他本身的性格并不相符，至少我从来就不是这样的，但这是职责使然。"

问题

这则案例给你的启示是什么？那些成功的领袖们，如亚伯拉罕·林肯、富兰克林·罗斯福会赞同这些观点吗？当今社会的那些成功的管理者们会赞同吗？

CASE 27 | 案例 27

林肯电气公司服务型员工和知识型员工的绩效开发系统[⊖]

林肯电气公司（Lincoln Electric）在 1996 年的时候，聘请了一家管理咨询机构来审核公司对所有时薪和月薪的非生产人员的考核制度。咨询顾问将以往抱怨公司评估奖励机制的那些员工召集起来，召开焦点小组会议。经过几场小组讨论会以后，大家都建议，公司管理层应针对非生产人员设计一套考核制度。

根据研究讨论的结果，1997 年年底，在预先安排人力资源部的员工进行为期 3 个月的培训以后，林肯公司引入了一套叫作"绩效开发系统"（performance development system，PDS）的新考核机制。这套考核机制应用的主要对象是全体时薪和月薪非生产性员工以及他们的上级主管。

[⊖] This case was prepared from information contained in Joseph A. Maciariello's *Lasting Value*, John Wiley & Sons, New York, New York, 1999.

这个绩效开发系统分为以下四个步骤。

- 绩效计划。
- 绩效监督。
- 中期审核。
- 绩效评定。

这四个步骤是用来制订工作计划、评估工作绩效和开发公司人力资源的。这套 PDS 体系被运用到了销售、工程、信息技术、人力资源、厂房及设备保养以及办公室后勤支持等方面。

绩效开发系统如图 27-1 所示。整个体系是以林肯公司的经营战略计划为指导思想的；也就是说，林肯公司的经营战略计划是整个体系里面的计划、评估和改进提高的基准点。

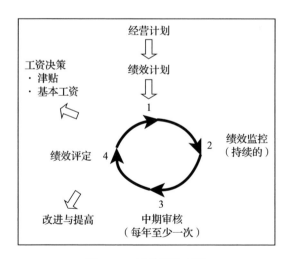

图 27-1　绩效开发系统

PDS 系统从绩效计划开始。每位管理者都要和每位员工一起学习了解整个经营计划的内容，因为它与员工的职责是息息相关的。这是年度个人绩效计划流程的第一步。每一位管理者都要与员工一起制订第二年的绩效计划，并提交给主管批准执行。

针对时薪制员工和针对月薪制员工的绩效计划的不同之处在于：时薪制员工的PDS体系侧重于考察根据部门和公司的需要专门设立的职位职能的履行能力。对所有员工，都有下列六种通用性的能力要求。

- 领导能力/主人翁精神。
- 决策能力/判断能力。
- 以目标结果为导向。
- 团队合作/沟通能力。
- 追求品质/顾客至上。
- 创造力和创新能力。

如果管理者或者员工觉得上述能力在工作当中不适用，或者还有其他相对而言更重要的能力，就可以做出适当的调整。如果要求具备其他的能力，则应提出"特定绩效预期"（special performance expectations，SPE）。

对于月薪制员工，主管人员要和员工一起，确定有助于部门和公司实现其战略目标的职位所要求的具体目标和能力。目标应该是可实现的，同时也是具有挑战性的。另外，目标还应该囊括员工如何提升自己的具体步骤。

制定的目标必须是具体的（specific）、可量化的（measurable）、可实现的（attainable）、相关的（relevant）以及具有时间限制的（time-based）。这五个要求可以概括成SMART。这些要求都是不言而喻的，目标的量化可以是定性的，也可以是定量的。

一旦设定了月薪制员工的工作目标和能力要求，每一条目标和要求都必须优先考虑公司和部门的利益。对于月薪制员工，目标和能力总分必须是100分。目标能力得分必须在40~60分这个范围内，能力得分也必须在这个范围内。任何一项能力得分必须超过20分。时薪制员工只考察能力得分而不考察目标能力得分。对月薪制员工来说，最后的加权分数必须是100分，同时任何一项能力分必须超过30分。

制订绩效计划以后，绩效监督就开始了。绩效监督是持续地帮助员工达到其绩效目标的过程，它将贯穿整年的时间。在这个过程当中，员工们应该积极从上级主管那里寻求对其工作表现的反馈意见。根据反馈意见，员工应当及时改进工作，以便达到预期的工作目标。所以，他们不但要关心已经取得的进展，还要关注尚且存在的问题。这是一个既正式又非正式的考核过程。公司鼓励员工在一年的工作当中不间断地根据自己制定的绩效目标进行绩效评估。

绩效开发系统机制的第三步叫作中期审核。每个员工在一年当中至少要与其上级当面沟通一次。在这一过程当中，双方应该就能力提高和目标实现情况进行沟通和讨论。讨论的过程和结果将作为员工年度绩效评估的参考资料。另外，讨论的内容还应该围绕下一阶段怎样提升工作绩效和工作能力来展开。

接下来就是年度绩效开发系统的最后一步——绩效评定。每年，各主管都会正式召开会议，讨论、评估员工们在提高工作技能、提升自身素质、实现工作目标等方面所取得的成绩。这些反过来又可以作为主管们根据五项标准评定每位员工的依据。

绩效评定标准

- 超出预期　　　　　　　1.2
- 达到所有预期目标　　　1.0
- 达到大部分预期目标　　0.8
- 达到某些预期目标　　　0.6
- 未达到预期目标　　　　0.2

然后，用每一项能力和目标的赋值乘以相应的绩效评定系数，汇总每一项能力和目标的得分，再计算所有能力项和目标项的得分。最后的总分将作为调整基本工资和计算月薪的依据，还将用作计算奖金的依据之一。

根据PDS方法，一个部门得到的总分除以本部门的员工数量并不能确保每个员工的平均分都为100分。为了弥补这一缺陷，我们将对总绩效评定值进行修正，以便PDS体系评定的结果是每个员工平均都为100分。

非生产性员工的得分若超过110分，其将得到奖励。超过110分的部分将会被加到部门总得分里面，以免本部门内的其他人员被扣减分数。通过这种方式，表现出色的员工将会受到奖励，表现平庸的员工也不会被惩罚。给任何一位员工打分超过110分，都必须得到高层管理者的认同方能生效。

用人力资源经理的话来说："绩效计划、人力资源开发和评估机制的目标在于，使林肯电气公司的利益和员工的利益保持一致，其宗旨是为顾客、员工和股东们创造价值，并将公司的胜利果实公平地分给创造成果的人。"

问题

"绩效开发系统"（PDS）与目标管理和自控体系有哪些相同点？这套PDS体系能不能创造人力资源经理所说的一致性？PDS体系是否有助于团队培养出优秀的领导者？PDS体系的局限性体现在哪些地方？你所在的组织采用PDS体系吗？为什么？

CASE 28 | 案例 28

德州仪器公司的内外部目标协调[一]

1995年之后的几年，德州仪器公司（Texas Instruments，TI）以及其他一部分组织，如美国电报电话公司（AT&T）、雷神公司（Raytheon）、美国空军等，开始利用一种名叫"一来一回轮流抓球"（catchball）的方法来制定企业内部业务目标。[二]在同一时期内，德州仪器公司依托其组织间团队，非常成功地完成了（外部）目标协调。本案例旨在研究企业内外部业务目标的协调过程。

"一来一回轮流抓球法"从最终目标（远大的、理想化的愿景）开始，这是公司的内部沟通始终在宣讲的内容。每个人都只是知道这个愿景。刚

[一] Information on TI's catchball process and on the Joint Standoff Weapon System was obtained from a research project carried out by Dr. Karen L. Higgins and is reported in Karen L. Higgins and Joseph A.Maciariello's "Leading Complex Collaboration in Network Organizations: A Multidisciplinary Approach," *Advances in Interdisciplinary Studies of Work Teams*, vol.10, pp. 203-241. It is used by permission of Dr. Karen L. Higgins.

[二] Baldridgeplus.com, Exhibit, "Catchball Processes." http://www.baldridgeplus.com/Exhibits/Exhibit%20-%20Catchball%20processes.pdf (accessed December 20, 2007).

开始的时候，员工见面时都说："好是好，但不适合我。我没觉得我自己是德州仪器公司的一分子。我只是个电路板焊接工，这与我有什么关系呢？"

德州仪器公司的高层管理者们很快就以实际行动做出了回应。他们在几个星期之内就召集了几百名管理人员，传达公司的目标。每一个主管回去后都说："我的部门就是这样认为的。"整个过程就像是传球一样："这是方法，这是需要达到的目标。接下来，你们打算怎么做？""首先我会先接下这个目标任务。接着，我会和我的部下或者下一级的管理人员一起分享这些目标，然后照着做。但这对你的组织又有什么意义呢？"

通过员工访谈，德州仪器公司上下所有层面的人都了解了公司的宏伟目标。不仅如此，他们还懂得了自己应该对实现这些目标做些什么贡献。他们从内心深处认同这些目标。他们相信，整个公司会以这些目标为共同奋斗目标，并且实现这些目标对他们是有好处的。因此，每个人的工作热情高涨。

这样一来，沟通变得非常重要了。德州仪器公司的做法非常有效，因为每一个员工都设身处地地参与到其中。每个人都写下他们自己的工作计划："这些就是我打算完成的，这是可行性分析。"德州仪器公司的"一来一回轮流抓球法"充分展示了企业与员工是如何进行目标协调的。

大约同一时期，德州仪器公司的许多组织间团队在协调来自不同组织的参与者的目标时，只取得了有限的成功。然而，德州仪器公司的一个分支机构——联合距外武器系统项目（Joint Standoff Weapon System Program，JSWSP）却非常有效地进行了内部各组织间的沟通协调。

这个小组集合了许多为这个项目工作的机构。当然，德州仪器公司只是成员之一。联邦政府也是其中一员，其成员包括来自全国的政府官员。这个小组里面还有许许多多的供应商和专家学者。

组织间团队的两个主要领导人——德州仪器公司和政府，在项目一开始就告诉团队的所有成员，"我们首先会花时间来进行团队建设，这对于成功完成项目是非常重要的。由于这个项目处于举足轻重的地位，我们必须首先在团队各成员之间树立信任感、坚定的意志力和共同的奋斗目标。对于我们共同的奋斗目标，大家要充满自豪感，只有这样，最后大家才能同心一致达到目标，圆满完成任务。"

小组成员们花了好几天的时间在一起磨合。很多人都抱怨说："为什么要在这些地方浪费时间？让我们直接开始做就好了。"但抱怨归抱怨，他们还是花了好几天的时间一起完成了那些工作。他们一起讨论、学习有关整个项目的所有知识，包括：这个项目的目的是什么？这个项目怎样运作？怎样解决运作过程中产生的分歧？

一旦有某个小组的成员跑来抱怨另一个小组的某个成员，负责人们就会说："停！我们不想听这些。你做出了成绩，那是我们在一起共同努力的结果。我们都在致力于完成同一个目标，这个目标就是……"不管对哪一个团队成员，管理者们都会不断地明确灌输这些理念。这样做的结果是，每个人都完全理解和认同本项目的目的，知道整个团队的运作方式以及团队领导者们决不接受团队内存在关系不和谐的现象。

这个团队的领导（实际上是一个领导团队）说："我们一起努力。我们手挽手，同心协力，绝不允许出现任何不协调的行为或现象。"事实上，也确实没有出现过这些现象。最后，一位非组织内成员的研究者评价这个团队是"最强大、最成功的内部组织团队"。最高管理者先花时间和精力来制定团队合作的基本原则，确保行动统一，然后告诉团队成员："这就是我们共同的价值观""这些是我们共同的目标""这就是以后我们共同努力的方向"。这样一来，管理团队的整体性、能力、个性特征都将渗透到整个团队中，超乎想象的绩效也就自然而然地出现了。

问题

1."一来一回轮流抓球"的方法对于确保企业目标一致存在哪些利与弊？

2. 根据你对目标管理的理解，评价德保罗大学（DePaul）的加里·西格尔（Gary Siegel）对"一来一回轮流抓球"方法的看法：

将在企业的某一个层面产生的目标向上或者向下传递给企业其他层次的人。接收这些理念的人叫"抓"，再根据自己的实际工作对其进行相应的调整，然后传给其他层面的人。这一过程就叫"一来一回轮流抓球"。"一来一回轮流抓球"法最主要的优势在于它可以帮助企业在纵向上达到统一。再用沟通加以辅助，让员工参与制定目标。明确目标以后，成功的概率就非常大了，因为企业的所有人员都参与了目标的制定和修订过程，使之能在他们所特定的条件下顺利得以实现。每个人都很清楚他们的工作和努力与实现企业战略目标之间的关系……另外，如果一开始就能取得纵向一致性，跨组之间合作也会紧密得多。⊖

3. 联合距外武器系统项目的管理对系统组织内部的有效管理提出了什么启示和要求？

4. 联合距外武器系统项目的内部管理为联盟间的管理提供了怎样的启示？

⊖ http://www.baldridgeplus.com/Exhibits/Exhibit%20%20Catchball%20processes.pdf (page3, accessed January 16, 2008).

CASE 29 | 案例29

你能搞定你的老板吗

在彼得·韦伯斯特（Peter Webster）的领导下工作了四年后，拉瑞·弗兰肯马斯（Larry Frankenmuth）就实现了下列几点。工作很顺心——他现在已经掌管了企业下属四家金属加工厂，工作上手并且也非常热爱这份工作。他对自己的工作能力很自信，认为自己能做得很出色。他的同事也很优秀。这四家工厂的负责人都是一流的人才，合作起来非常愉快，他们的能力也很强。总的来说，公司运作非常正常，而且业绩良好，薪水也很丰厚。

只是韦伯斯特非常讨厌！对于拉瑞来说，韦伯斯特是最头疼的。他对人从没有表扬和鼓励，而只有批评与指责。拉瑞整天都忙着写呈送给韦伯斯特的备忘录和报告，但是呈交上去以后，就再没有音信了。他每天必做的功课就是将要向韦伯斯特汇报的重要事项一一准备好，或者是8点30分时准时打电话给他，这些都是每天早晨进韦伯斯特办公室的第一要务。这些都是拉瑞还是一个制造工程师的时候，他的第一任上司灌输给他的。但是，当拉瑞敲着韦伯斯特的门询问他能否进去的时候，韦伯斯特的反应却像是拉瑞犯了十诫一样厌恶他。"你又找我什么事？"他低声咆哮着。然而，如果拉瑞不将每一件事情的细节告诉他，特别是有什么坏消息没有提前告诉他的话，他又会恶狠狠地对着拉瑞大发雷霆。最糟糕的还不是这个，而是韦伯斯特其实是个不折不扣的文盲。拥有麻省理工学院机械工程学学士学位和硕士学位的拉瑞·弗兰肯马斯在业余时间还进修了现代管理学、制造学、运营调研以及数量分析等课程，却不得不为一个没有完成中学学业的上司工作！韦伯斯特在他初中最后一年的时候就入伍了，退役以后他就当了一名机械工。他很可能连长除法（long division）都不会做，更别说最简单的回归分析了。那对他来说太复杂了！

　　因为有这样的上司，拉瑞决定辞职。星期天晚上，当拉瑞在家仔细研究了他自己做的排序和生产流程后，他意识到他做了一个很正确的决定。这个排序和生产流程是他写在建议书里面的，可以用来改进四个工厂金属加工部门的生产计划、库存和物流计划等。这是他有史以来做了最充足的分析以后得出的结论，他自己也感觉非常好。但就当他把每一页报告整理好，准备第二天一早交给韦伯斯特时，他突然意识到这样做毫无意义。"那个老家伙根本就看不懂，"他对自己说，"就算他看得懂，他也会因为他自己顽固的思想而不会去改变我出生之前就已经有的那些工艺流程。我敢打赌，他甚至根本就不会看这份报告。他根本就不会跟我讨论这些东西，只会又给我讲他那些辉煌无比的老掉牙的历史，我已经完全受不了了。"

　　就这样，都没向妻子罗伊斯（Lois）透露一点风声，拉瑞就开始寻找新的工作了。说到找新工作，他倒是有点困难。新职位没有现在的权力大，没有现在的工资高，公司规模也没有现在这家公司大，发展机会也很有限。但是，这家公司却是一家高科技企业，对于拉瑞的科学管理方法很感兴趣。实际上，拉瑞觉得自己在某种程度上是个文化程度不高的人，因为他的很多新同事都拥有博士学位。路易斯承认：她一直都能理解拉瑞的无奈。韦伯斯特用一种很粗鲁的态度同意了拉瑞辞职。当拉瑞进到他办公室，告诉他自己即将离职的消息时，他只是说："我不打算挽留你。我得告诉你，弗兰肯马斯，我不会也从没有打算推荐你升职。所以，你辞职对大家来说都是件好事。"听了这话，拉瑞收起自己的文件，准备离开这个他忍受了四年之久的公司。

在拉瑞离开前两天，他迎来了一位不速之客——弗兰克·桑托瑞斯（Frank Sartorius），即将接替拉瑞工作的原工厂负责人。选择桑托瑞斯来接替自己，拉瑞觉得很奇怪。拉瑞之前以为，韦伯斯特会选择四个工厂负责人里面年龄最大、思想最古板的那位来接替自己的职位。但是，他却选择了最年轻的那个——桑托瑞斯还不满40岁，而且是最有创新意识、最有冒险精神的那位。事实上，拉瑞必须承认，他应该考虑清楚以后再来赌这一把。桑托瑞斯担任工厂负责人还没几年，拉瑞甚至怀疑他是否已经准备好担任这个工作了。拉瑞和桑托瑞斯相处得还相当不错，但也不是说很亲近。因此，接到桑托瑞斯的电话，拉瑞觉得很奇怪。因为桑托瑞斯说，他最近这一两天内就会到总部，想私下拜访一下拉瑞。还有，让拉瑞感到更惊奇的是，桑托瑞斯对拉瑞说："拉瑞，当我听说你要离开的时候，我觉得很震惊。但是，韦伯斯特打电话给我，让我接替你的时候，我更觉得不可思议。我没有期望在未来3~4年里还有什么大的升职空间，但既然有了，你能帮帮我，告诉我该怎么做吗？"

拉瑞花了一两个小时的时间和他一起讨论工厂及其他经理们，又用了一个小时的时间谈到了公司内部的各种关系和存在的问题——特别是关于陈旧落后的采购方式和棘手的人力资源管理部门，拉瑞觉得它们在支持每个环节的运营管理方面做得相当失败。最后，拉瑞说道："弗兰克，我猜大部分情况你都了解了。"弗兰克·桑托瑞斯点点头。"但是，"拉瑞继续说，"这份工作最关键的不是那些工厂，不是采购人员或者人力资源专员，甚至不是会计人员，而是老板，是上司。他不会读太深奥的东西，所以，你最好写得通俗易懂一些。他不会表扬你，永远不会。但是，批评你却很快。他希望你能提前告知他所有的事情。而且，如果你告诉他任何他预料之外的事情，他肯定会非常生气。在你进去告诉他意外事情的时候，他就会把你骂得狗血淋头。他就是一个顽固不化的老古董，你根本就不要期望他做任何改进。除此之外，工作上你不会有其他什么问题——工作很顺手，同事之间相处起来很融洽，只是你不能搞定你的老板。"

拉瑞·弗兰肯马斯很快就忘记了有关上家公司的事情——这份工作比他想象中的要艰难得多，他每天都忙不过来。他曾经在机场偶然遇见过老韦伯斯特，并向他询问桑托瑞斯工作的情况，得到的却是一个粗暴的回答，"我为什么要告诉你？"因此，当3年后他看到《华尔街金融周刊》(*The Wall Street Journal*)报道弗兰克·桑托瑞斯被指派接替彼得·韦伯斯特担任生产部副总裁，而韦伯斯特则提升为执行副总裁，掌管整个金属加工和机械部门的消息时，他感到十分震惊。"今晚回家以后，我得给桑托瑞斯寄一张祝贺便条。"他对自己说。但是，当拉瑞回到家的时候，却发现桑托瑞斯已经先这样做了。在大厅的桌子上放着一个巨大的花盆，上面还有一张桑托瑞斯亲手写的便条。

亲爱的拉瑞·弗兰肯马斯：

您可能已经听说我被提升为生产部副总裁了，我把这一切都归功于您，并且想对您说一声"谢谢"。是您曾经教导我，必须学会搞定老板。您还教会了我具体怎样操作。

您的诚挚的，

弗兰克·桑托瑞斯　敬上

问题

你能告诉目瞪口呆的拉瑞·弗兰肯马斯，桑托瑞斯说的是什么意思吗？拉瑞告知了桑托瑞斯哪些可以搞定脾气粗暴、顽固不化的老板彼得·韦伯斯特的办法？

案例30 | CASE 30

罗斯·阿伯内西与边境国民银行

边境国民银行（Frontier National Bank）是美国国内一家经济发展速度很快的地区最早成立的银行。很多年以来，它一直都是这个地区内最大、盈利率最高的银行。然而，大约从越南战争开始，它就变得越来越缺乏生机，而在银行内大家更愿意称之为"保守"，这使该银行逐渐失去了其市场地位。1985年前后，其盈利也开始缩水。到20世纪80年代晚期，在当地它的资产规模已经下滑到第三位，盈利水平也下降到第六位。尽管如此，它仍然是国内知名的银行之一，拥有7000万美元的资产，还算得上是大银行。然而，它的主营业务仅仅是为常规客户办理常规业务。业务量不大，却配备了大量的员工，该银行每一美元固定资产所对应的员工数量是该区域内排名第一的银行的两倍，工作速度却像蜗牛一样缓慢。

到了1994年，该银行仍然由创始家族的一名成员——创始者的曾孙掌管着。这个家族从不持有可以用来操控银行的股份，银行却一直代表着他们的利益。因此，当掌管银行的人到了 70 岁——银行规定该退休的年龄，按照惯例，他提议由他的女婿接替他的职位。出乎他和其他所有人的预料，董事会否决了这项提议。事实上，前一年，就在这位"老人"快要到退休年龄的时候，货币监理官（comptroller of the currency，监管所有国民银行的官员）就要求董事会插手此事。银行的利润迅速缩水，流动资金不断减少，准备金不充足，他向董事会主要成员表达了自己对这些问题的关注。随后，他暗示大家，他很可能支持让一家新兴的、有活力的、管理更完善的银行与边境国民银行合并的提案。边境国民银行很快就表示，他们将从银行外部聘请一位新的首席执行官。事实上，在新候选人人选方面，他们很快就达成了共识。当他们向同僚们提名罗斯·阿伯内西（Ross Abernathy）继任时，大家一致通过。货币监理官（有时，银行会秘密和他讨论有关的任命事宜）对这个结果感到非常满意，他的评语是，"我希望你们能邀请到他。"经过几周的谈判，阿伯内西同意在老总裁正式退休前两个月加盟银行，担任总经理，而后再被推选为总裁和首席执行官。

阿伯内西时年 47 岁。他高中毕业以后，就开始在芝加哥一家中等规模的银行工作了。他的学士学位和硕士学位是通过一边工作、一边在西北大学夜校学习获得的。随后，他升迁得相当快。他和另外一位比他高两届的同事一起，使银行赢得了行业领先者的地位——先是在芝加哥，然后是在全国，之后是全世界。芝加哥银行涉外业务的筹划和发展都是由他一手完成的，因为和他一起的那位"新同事"与执行副总裁阿伯内西一样依照约定，全身心地投入到了银行国内业务特别是公司业务的发展、建设中。芝加哥银行的所有职员都认为，下一任总裁的人选一定是他们中的一个。实际上，在他们两人中做出选择确实很难，董事会投票的得票比例也是 8∶7。最终，在老总裁 1990 年退休的时候，这个职位给了比罗斯·阿伯内西年龄大一点的同僚，这是因为有一票没有投给当时非常有抱负和竞争力的阿伯内西。他随后继续担任了一年的副总裁。然后，他离开芝加哥银行，搬家到了边境国民银行所在的城市，担任由几家保险公司组成的一个毫无生气的财团的主席和首席执行官。三年以后，他完全扭转了局面，使这个财团成了他的新家乡的商界首屈一指的行业领袖。

当边境国民银行找到他并邀请他出山的时候，阿伯内西开始还有点犹豫。他已经非常努力地工作了三年。他也很清楚，到边境国民银行就职，将意味着更多的辛苦工作。他会见了边境国民银行的很多管理人员，对他们印象很深刻。而且，他对于扭转边境国民银行目前的局面并没有把握。在他看来，补充建立边境国民银行所缺少的那些部门（特别是大公司业务、养老金业务以及涉外业务）的时机已经错过了。但是，另外，边境国民银行拥有雄厚的资产，特别是拥有良好的声誉，还与海外银行业的领先者建立了牢固而紧密的联系。然而，最后说服阿伯内西接受这份工作的是，他知道银行业已经深入到他的血液里面，根深蒂固。他怀念银行业对心智上的刺激。他想念世界银行、国际货币基金组织等所举办的国际会议上的那一份刺激，在这些会议上，他被同行们认为是最有前途的年轻银行家之一。同时，他也得承认，离开芝加哥银行造成的伤痛现在仍然隐隐作痛。因此，他接受了这份工作。

他很清楚应该做什么。但是，他也很清楚，他需要一个团队来一起工作，而在边境国民银行，他完全没有看到一点点团队的影子。他可以让一大批年老的高级管理者退休，他确实也这样做了。这很简单，边境国民银行和其他大多数大银行不一样，老员工要到了70岁才会退休，有时候他们还会工作到72岁。因此，阿伯内西只是让董事会将退休年龄降低到65岁，人人如此。但是，在老制度的规定下，年轻人的表现也没有什么太大的不同。如果硬要说有什么差异的话，那就是他们觉得更加沮丧了，同时他们也更确信"绩效"不过是料理好办公室人员对"文件框测试"设定的内容，银行业工作的成功与否不过是看你是否进对了俱乐部（阿伯内西从来不曾加入任何一家俱乐部，也没有去打过网球，因为就像他常说的，"你不可能在打球的时候谈生意"）。

阿伯内西按照他平时习惯的方式来处理这次重大的人事决定。他寻求周围人的建议。有三个人是阿伯内西经常征询意见的；其中两人是他以前的教授，另外一人是一位律师，也是负责他以前所在的芝加哥银行的法律事务的律师事务所的一员。三个人给了阿伯内西三种建议，阿伯内西对此并不感到意外。因为，这就是阿伯内西找他们的原因。但是，让他感到意外的是，他居然无法决定该听从哪一个人的意见，以前的阿伯内西是可以轻而易举做出选择的。

第一个人说："你瞧瞧，罗斯，你已经没有选择了。你不可能开除40个员工，如果那样做的话，你就没有团队了。你必须从现有的人力资源里面挑选一些你需要的优秀人才，把他们组织起来，形成一个团队。你自己也说过，这些员工工作能力都很不错。你要给他们制定任务目标、绩效目标和绩效评定标准，还要引领他们去自己争取所需要的一切，要征求大多数人的意见。你要让他们都知道，任何人只要不能认同你的目标，或者不能努力达到你的要求，就必须离开这个团队。另外，还要让他们懂得两点：第一，对于那些不断努力去争取达到目标的人，你会无条件地支持他们；第二，取得任何成绩都会得到表彰，以示鼓励。其他的我就不知道你还能做些什么了。我知道这是一项令人头疼的工作，也许还会让你觉得灰心丧气。但是请相信我，你没有其他选择了。"

第二位教授说："你别无选择，罗斯，除了成立一支新的高级管理团队，但不需要太多人。也许就只要六个人，但这六个人必须懂得什么是绩效，也就是明白你所说的绩效是什么意思，他们还应该是信任你和理解你的人。也就是说，他们应该是曾经和你一起共事的亲密无间的同事。当然，在很大程度上，他们可能会是你过去工作过的芝加哥银行的年轻、上进的同事。由于你必须在最短时间里改变现在这家银行的运营方式，你没有时间到商学院去招聘MBA学生，然后再慢慢培养。现在你需要做的是，让全银行的人都知道，目前的运营模式必须改变。你招聘进来的人必须能够制定决策和发号施令，他们应该是你的代言人，能够领会你的意图，并能够获得你的信任。请相信我，你没有其他选择了。"

那位律师也说："当然，你必须从银行外面组建一支团队。你肯定不能等待那些还要15年才能长大的商学院毕业生，那个时候，边境国民银行里面的保守势力可能都已经完全吞噬了整个银行。但是，罗斯，千万别选你的那些老朋友、老同事。如果要找，就只能找那些完全能够独立证明自己的领导能力和执行能力的人——如果要在银行里找，就只能找那些你之前完全没有接触过的人。有一点要注意，你对他们每个人的考察必须是客观的、公正的。更重要的一点是，你必须让整个银行的人都明白，这些高级管理人每一个都是靠自己的业绩和能力才被选中的，而不是因为他们是你的朋友。要找到这样的人应该也不会很困难。大银行里与你在芝加哥银行的职务相当的人多得是，也就是说，职位仅仅次于年长几岁的一把手，能力却和他们不相上下。他们现在的银行不能给予他们的，你都可以给他们——那就是，权力与挑战。但是，一定要远离芝加哥。在芝加哥和你现在所处的城市之外的任何一个地方都行。你也不愿意对你本地的竞争者来个突然袭击。请相信我，你没有其他选择了。"

以上每一条建议都是绝对的、排他的。面对这三条相互矛盾的建议，阿伯内西坐下来冷静地分析着。他写下了三个标题：团队内部、我的团队、外部陌生人；然后，他在每一个标题下面写着：①利润，②冲突，③风险，④道德问题以及道德优势；随后，他又列举出了支持和反对每一项行动方案的观点，这样一来，当他做完这些功课以后，他就能做出决策了。

问题

你怎样填写这张分析表格？请遵照阿伯内西的方法，排除任何个人喜好、争议和观点的影响，独立完成整个分析表格。

案例 31　| 　CASE 31

一次失败的提拔

20世纪60年代中期，纽约市一家历史悠久、名誉卓著的投资银行决定加强它处理海外业务的能力。这家银行本身并不想走跨国经营的路线。银行的高级合伙人确信，他们即将提供的服务更像是一种专业实践，而不像是一种业务。他们认为，专业实践需要委托人之间进行小规模的而密切的人际沟通。在他们看来，无论是规模还是联系频率的要求，都与在地理上广泛布点的原则不相容。但是，最终他们还是决定，在银行的高级管理层引入至少一位拥有丰富的海外业务处理经验、人脉关系广的人。他们希望，这个人能与欧洲的投资银行建立永久性的战略合作关系，或许还要在日本建立这种合作关系。这样一来，就能利用世界范围内的银行界精英人士和全球银行网络，对客户提供服务。

本银行内部目前是没有这样的人才的。因此，这是在该银行50年的历史上，第一次直接从外部引进人才成为合伙人。弗兰克·麦考林

（Frank McQuinn），时年35岁，之前一直在一家大型商业银行担任国际业务部高级管理者。他筹划成立了该家银行在杜塞尔多夫（Düsseldorf）的分行，而后被任命为伦敦分行的行长，最后又被提升为整个欧洲事业部的总负责人。麦考林很想回到美国定居，因为他的孩子都已经十几岁了。他很清楚，在他工作的银行，他不可能进入最高管理层，因为他的年龄不适合，最高管理层的人员都是40多岁，接近50岁的人。他也知道，在目前这家银行，他得调到国内业务部才能有更大的发展，但他非常热爱国际业务。不仅如此，他还看到了一个很好的机会——他可以在私人银行公司里参股，虽说是合法组建的股份公司，但实际上只是合伙性质。

因此，他加入了这个团队并且工作得相当出色。两年之内，他就被提升为高级管理人员，进入公司的五人董事会。涉外业务发展很快，并且利润很高。作为董事会成员之一，麦考林发现，他自己不但与各地区的主要客户关系越来越好，而且还与国内外的主要客户都建立了很好的联系。涉外业务越来越红火，他一个人已经忙不过来了。在这个时候，他就与执行委员会的同事商量，是不是可以为他的国际业务部引进第二个老总。在他们原则上同意这个提议以后，他推举史丹尼·罗瓦克（Stanley Novack）担任国际业务部副总经理。同时，他很清楚一旦罗瓦克做出了成绩，他就可以变成合伙人。

罗瓦克非常高兴。在他现在的职位上，成为合伙人几乎是毫无希望的，因为"合伙人"这个既代表荣誉又代表高收益的荣誉通常来说都是留给那些"银行家"的，也就是那些掌管客户关系或运营部门的人。罗瓦克虽然在银行里有很高的声誉，很多人都很尊重他，但他只是一位成功的分析师而已，他年仅31岁就当上了首席经济证券分析师，还是合伙人的主要咨询顾问。还有一件事使他很高兴，那就是，公司因为听从了他的分析和建议，才将公司业务扩展到了海外领域并使麦考林加盟公司。从第一天开始，他就和麦考林建立了亲密而友好的同事关系。

但是，事情很快就有了结论，罗瓦克没有当上国际业务部的副总经理。到底是因为什么原因，还不是很清楚。任命决定没有通过，事情悬而未决。简而言之，麦考林发现，他比以前任何时候都要依靠自己解决问题。事情就这样持续了一年半以后，麦考林得出了一个结论，那就是：罗瓦克必须离开。他找到了董事长和首席执行官说："罗瓦克没干好。事实证明，他一点都不合格。恐怕我们得辞退他。"

刚开始有很长一段时间，董事长什么也没有说。过了很久，他才轻声说道："你说罗瓦克工作能力差，我一点都不觉得意外。我反而奇怪的是你居然忍耐了那么久才肯正视现实。九个月前我就觉得，你该站在这里告诉我这些。我希望你以后学会，不要等这么长的时间才面对问题。此外，如果你关于国际业务部人员配备的计划能有效实施，我倒真会感到意外，不管你把谁放在副总经理的位置上，因为你违背了制定员工晋升决策的所有规则。而且，这并不是马后炮。你看看这个。"董事长拉开他桌子最下面的抽屉，抽出一张备忘录，说"这是我那天给我的前任写的信，正在写你就进来，告诉我说你已经告诉罗瓦克，打算将他调到你的部门担任副总经理。"

麦考林读着备忘录：

麦考林刚刚来见我，告诉我说他决定任命史丹尼·罗瓦克担任他的副总经理，并且已经将这一消息告诉了罗瓦克。我感到非常不安，因为麦考林很明显违反了您一直非常强调的晋升原则。他只是单纯地选一个人，而不是认真考虑这个人是不是符合这个工作岗位的要求；他只准备了一个候选人，而不是有三四人备选；而且，他就这样选定了一个人，而不是找个懂行的同事来讨论一下这个人是不是合适。您教过我们，违反这些原则做出的晋升决策最终只会失败，现在我能深刻地体会到您的话是多么正确。我该不该让麦考林再考虑看看？我觉得没有让麦考林先生明白我们在公司是怎样做决策是我的疏忽。我不希望看到罗瓦克受到打击，他是个非常有培养价值的年轻人。而且，我也很不愿意干预麦考林对他的部门所做的决策，特别是这种已经向公众宣布了的决议。您有什么建议？

下面就是前董事长批复的。尽管他仍然是合伙人，但目前已经处于半退休状态。

把这份备忘录好好留着，等一段时间，但是，也要做好同时开除麦考林和罗瓦克的准备！

"你看，弗兰克，"在麦考林看完备忘录后，董事长接着说，"对于罗瓦克没有得到晋升这件事，我一点也不感到吃惊。但是，我吃惊的是，确切地说是，我感到震惊的是，你的态度。有一件事情我们很确定，那就是你犯了一个错误，因为任命罗瓦克是你的主意。因为你犯了错误，而开除罗瓦克，按照你刚才的意思，是不公平、不公正的。这样做非常愚蠢。怎么可能因为你犯的错误，而让我们失去像罗瓦克这样有价值的职员呢？他在过去的这些年里，每一项工作都完成得很好。"

麦考林顿时觉得迷惑了。"我完全不明白，"他结结巴巴地说，"难道你们要让罗瓦克留在一个他不胜任的职位上吗？"

"当然不会，"董事长说道，"他不会再继续做这项工作，并且很快就会被解聘。这是我们欠公司的，但也是我们欠罗瓦克的。这是唯一最简单的、首选的解决办法。我让你到我办公室来，是希望你考虑一下，现在我们应该怎样安顿罗瓦克。在这家公司，他适合到哪个部门？他能做什么？他不能做什么？为什么？比如说，他能不能从这18个月的失败和挫折中汲取教训，然后做合伙人，分管分析调查部门？这是我们从来没有尝试过的，因为我们一直觉得分析师对运营的了解并不充分，还不足以做合伙人。或者，我们是不是该把他调到一个完全不同的领域？如果是，又是什么领域呢？他应该和哪些人一起工作？他是不是该继续和你一起工作？这是你的责任，你把一个很有能力的人放到了一个错误的位置上。"

"现在，"董事长继续说道，"我希望你能告诉我，为什么你觉得罗瓦克不能胜任现在的职位。毕竟，他之前做的每一个项目都很成功，表现也很优秀，现在却不行了。这需要好好分析分析。你作为负责人，应该给公司、给你自己一个解释，而且最重要的是，给罗瓦克一个解释。"

麦考林静静地在那里坐了几分钟。很显然，他很难消化刚刚听到的这些话。随后，他慢慢说道："我想，我已经明白了为什么你希望由我来提出对罗瓦克的处理意见，我还懂得了为什么你拒绝了我关于开除罗瓦克的仓促提议。我非常感激您教会了我如何反省自己。但是，我不明白你的第二个要求。究竟发生了什么问题，难道这还不明显吗？罗瓦克被提拔到了一个他的能力所不能及的职位，就那么简单。"

"所以说，你坚信彼得原理⊖（Peter Principle），"董事长用一种尖锐的口吻说着，"弗兰克，相信我，那只是一个懒惰而无能的员工的托词，我不认为你也想成为他们当中的一员。一位在以往那么多项目中表现都非常优秀的员工，根本不可能突然之间就在另一个项目当中变得很无能，这令人难以置信。相反，一个成功完成了很多项目的人，只会一如既往地成功做好下一个项目，毕竟，绩效就是绩效。"

董事长接着说："如果不是那样，那就一定有什么原因。有可能是因为他们不再工作了，没有绩效了，年龄大了，生病了或者说累了甚至是江郎才尽了。但我认为，这些都不可能发生在史丹尼·罗瓦克的身上。最有可能的原因倒是，我刚刚提到的提拔失败的三个原因之一，三个原因主要都应该归结为老板或上司的失败，而不应归结为员工的失败。或者，获得晋升的人继续从事过去那些项目，而忘掉了现在做的应该是新项目，需要做一些不同于以往的事情。这种情况通常发生在老板不提醒员工，没有要求他去仔细考虑新的工作有什么要求的情况下。想想当你第一次来到这儿的时候，我们是如何把你叫到执委会的面前，总共三次，每次间隔90天，就为让你好好想想，然后告诉我们，你在这里的新工作对你有些什么要求？每一次你都让我们给你一些指导性的意见，我们却说，'我们能够并且愿意告诉你的唯一事情是，这份新工作对你的要求与你过去在商业银行工作时对你的要求不一样。'还记得吗？你有没有对罗瓦克这样做呢？或者说，你有没有让他像过去那样好好分析一下呢？如

⊖ 管理学家劳伦斯·彼得的一种人力资源管理观点，该观点认为所有人都会最终被提升到一个他所不能胜任的位置上，因此组织中的所有高级职位往往都是由不能胜任工作的人担任。——译者注

果真是这样，也不能责怪罗瓦克，只能怪你自己。在使你的提拔决策行之有效方面，你没有尽到自己的职责。"

他继续说："换句话说，我们有没有好好研究一下，罗瓦克是个分析师，从本质上来说根本不适合担任制定决策的领导工作？在你把他任命为你的副手之前，他一直只是个分析师和咨询师，做决定的是其他人，也许他只是无法承担做决策的压力。这很常见，即使是罗瓦克这个年纪的年轻人，也不可能一直在学习新东西，这与性格、学识水平和技能有关。最后，你设置的这个职位的工作，就是你任命罗瓦克的这个职位的工作，是不可能完成的，任何人都完成不了。比如说，它就是这样一份工作，做它的人像他的上司过去常常做的那样注定要失败，但按照任何其他方法去做也是必败无疑。或者，要完成这样的工作，要求他既是项目的实际负责人，又是该负责人的助手。"

"你有两周的时间，"董事长说道，"好好想想，首先你要考虑公司应该怎样处理史丹尼·罗瓦克。我们需要把他调离，而且我可能今天就会征求他的意见，看他能不能为我做一个项目。但两周内，你必须提出处理问题的办法。而且，最好以你认识到你的错误决策开始。再有，在这两周之内，我还希望你能写一份关于史丹尼·罗瓦克表现很差的原因的分析报告，这个报告必须有理有据，论据充分。是不是因为你没有给予他该有的指导？是不是性格气质的原因？稍后我们会做出关于将来罗瓦克该做什么样工作的安排，并评估什么样的人才能够达到你所设置的职位的要求。或者，我们是不是应该重新设计工作岗位，这样才有人能够满足这个岗位的要求？我们无权要求员工去做他们不可能完成的工作，没有权利去打击优秀的员工。我们没有那么多优秀的年轻员工来实施这种活人祭。"

"除非你真正想明白了罗瓦克晋升失败的原因，否则我不会同意你安排任何一个人来填补罗瓦克留下的空缺。"董事长最后说道。

问题

对于董事长的言论，你有什么看法？你认为前任董事长制定的提拔决策原则怎么样？麦考林应该怎样回答董事长的问题？怎样才能找到罗瓦克晋升失败的真正原因？

7

第七篇

管理技能

MANAGEMENT CASES

案例32 | CASE 32

林登·约翰逊的决策

在艾森豪威尔总统执政时期,那时的林登·约翰逊(Lyndon Johnson)还是参议院多数党的领袖,他当时就坚决反对美国插手干预印度支那事务。大家都坚信,就是因为他的强烈反对,才导致1954年法国在越南惨败以后艾森豪威尔取消了美国对外的一切军事干预,丝毫不理会国务卿约翰·福斯特·杜勒斯、副总统理查德·尼克松以及参谋长联席会议主席雷德福上将的强烈反对。约翰逊成为肯尼迪总统的副手以后,他仍然坚决反对美国插手干预印度支那的一切行动。他曾直言不讳地表示,他很希望能够撤回艾森豪威尔派去帮助维持南越政权的那些美国顾问;同时,1963年秋,就在肯尼迪总统遇刺前不久,他还强烈抗议肯尼迪政府干涉越南政治,支持南越发动政变反对吴庭艳政权,借此使美国成为后来南越政权的保护者,并掌控着南越的实权。直到约翰逊当上总统以后,他的立场仍然没有改变。尽管承受了巨大的压力,特别是来自他从肯尼迪那里沿袭过来的主管国防和外交官员的压力，他驳回了1964年所有关于加强美国干预的请求。在1964年的总统竞选中，他着重强调了他将反对一切把越南战争扩大化或者将越南战争转变成美国战争的企图。确实，他强烈反对美国干预越南，而且他的影响力是如此之大，以致美国国防部和国务院都很担心，西贡就更担心了，因为约翰逊鼓励北越进行反击，并向他们承诺美国绝不会抵制。

就这样，1965年春，河内正式制定并通过了一套新的、激进的策略。在最开始的时候，河内只是支持南越的叛乱，他们向叛军提供军备、顾问以及资金。换句话说，这与美国支持南越政府的政策相吻合——不进行大规模武力干预。1965年春，就在约翰逊总统竞选成功后几个星期，北越就开始向南越派遣正规军，这些正规军配备了重型武器装备，包括苏制装甲车和各种军需品。在那里，他们与南越的越共游击队并肩作战。到了晚春时分，北越军队（大约相当于现在美国15个师的规模）发动了一场大规模的战役，目标就是要将南越一分为二。北越的目标一时间让人觉得变成了一个"军事解决方案"，即击败并毁灭南越的军事力量。

面对这种情形，约翰逊改变了他最初的立场。他决定以暴制暴，硬碰硬。他派遣了一支规模很大的美国军队到越南，协助南越打击北越的主要军事目标。他争辩说有足够的材料表明南越不应该并入北越，事实上，他们并没有。在这种情况下，一旦河内的精锐部队被击败，将会迫使河内重新回到以前具有约束性的停战状态，就像十多年前的韩国和朝鲜一样。在军事上来说，美国军队在一开始的时候是百分之百成功的。北越受到了重创，损失了大批人力和几乎所有军备。到了1965年的秋天，北越完全撤军，将他们受到重创的军队撤回到了北越境内。毫无疑问，这个结果使大家都相信，约翰逊的基本假定是正确的，那就是，这次打击将带来实质性的停战。我们都知道，那时双方正在通过莫斯科进行积极的谈判，1965年圣诞节前后，在莫斯科大家都觉得停战协议已经"胎死腹中"，在华盛顿显然也同样如此。

接下来发生了什么事情，我们不得而知。一种说法是：勃列日涅夫是当时苏联政权三个最高领导人之一，在1965年年底谋划成为苏联最高领导人，他需要军方的支持（特别是需要海军的支持），而要达到这个目的，他唯一能做的只有投靠"鹰派"。为了支持这一观点，我们找到了下面这些证据：苏联突然开始加紧向河内的军事援助，但这是在1965年苏联向河内和全世界宣告，他们的援助仅限于战争中损失了的军备之后；与此同时，苏联在犹豫了很长一段时间后，紧急决定建立一支跨越三大洋的海军；苏联接替了之前其他国家向印度大规模供应武器的差事。另一种说法却认为，河内"鸽派"和"鹰派"之间的权力制衡已经明显倾向于"鹰派"，这是因为胡志明患上了心脏病，已经不能主事了（尽管他到1969年才去世）。还有一种说法认为，美国国内对越南战争日益高涨的抵制态度助长了共产党人；但是在1966年年初，美国国内对越南战争几乎没有什么抵制情绪，但后来反战情绪与日俱增并越来越公开。顺便说一下，第三种说法是最不可能的一种。

不管怎样，到1966年1月或2月，事态很明显没有朝着林登·约翰逊预期的方向发展。河内突然中止了停战谈判，并向南越输送了大量的军备和士兵。苏联早几个月前还扮演着华盛顿和河内之间的调停人的角色，现在却加大了对河内的支持力度，同时还拒绝利用其大国身份劝说河内对于要求南越彻底停战的条件做出一定的让步。因此，约翰逊总统必须承认这样的事实：他的政策尽管取得了巨大的军事胜利，但在政治上是失败的。

当约翰逊总统和他的智囊们——大部分成员都是原总统肯尼迪两年前的旧部，一起坐下来讨论的时候，没有一个人看好当前的形势。但众人都认为约翰逊迟疑了很久才认同：现在除了继续坚持下去以外，已经没有其他的退路了。当时的形势很明显，北越的军队是无法打败美国军队的。还有一个很显然的事实是，南越民众虽然并不热衷于他们的政权，但仍然不会支持北越政府。因此，舆论认为，河内或者说他们"真正的统治者"莫斯科"迟早"将发现"军事解决"办法会失败，而在此之前，美国所能做的一切就是"坚持下去"。

没有一个人愿意看到这样的结果。但是，每个人，包括迪安·腊斯克、罗伯特·麦克纳马拉、麦克乔治·邦迪及参谋长联席会议都认为只能继续下去，尽管大家都极不情愿。所有的资料都显示，他们中唯一持异议者是美国副国务卿乔治·保尔。他主要关注的是经济问题，而到了越南战争期间，他就闭口不谈越南问题了。据记载，保尔曾说过："总统先生，我不知道正确的答案是什么。但是，我的确知道，继续执行去年的政策是个错误的决定。那是完全没有用的，而且最终一定是一个灾难性的结局，因为它违背了决策的基本原则。"

问题

1. 乔治·保尔心里的决策原则是什么？

2. 你同不同意保尔的看法，即做决策是有原则可依的，一旦违背了这些原则，决策就注定会失败？

案例33 | CASE 33

新来的出口部经理

　　自1924年成立以来，里奇伍德仪器公司（Ridgewood Tool Company）——手工工具制造业领导者，就开展了对外贸易。多年来，纽约市的一家出口公司全权代理了该公司产品从美国出口的一切事务。后来，随着出口业务的增长，公司在许多国家指定了分销商或代理商。1986年，公司委任了一名出口部经理，但是他主要负责处理来自海外的订货单以及通过公司的开户银行安排到期货款的托收事宜。然而到了1990年，公司出口业务量已经增长到了这位出口部经理难以应付的程度。在这位经理退休时，管理层决定加强对出口业务的管理和组织领导。也许其中一位董事心里默想到，公司应该专门在德国设立一个机构，因为公司的产品在那里知名度很高，也非常受欢迎。然而公司里没有一个人知道如何操作对外贸易，就这样来自国际通用电气公司（International General Electric）的弗兰克·安德鲁斯（Frank Andrews），一个35岁的充满干劲的年轻人，成了公司新的出口部经理。很快，安德鲁斯就巡回拜访了公司在海外的主要分销商和代理商。访问归来以后，他告诉公司总裁，他会针对公司的对外贸易业务写出一份计划书。然后，他回到了他自己的办公室。他委任出口部一名老员工担任出口部经理助理，指定他（经理助理）负责处理日常事务，这些都是部门正常运转所必须处理的事情。

安德鲁斯自己又做什么呢？他每天都待在办公室里，大家从他办公室的门缝里偷偷瞄进去（他办公室的大门很多时候都是紧闭的）看见他的桌上全是一本本砖头一样厚的书、卷宗与报告等，安德鲁斯的头埋在一大堆书里，几乎快看不见了。他在做什么呢？这样的情况一直持续了大约四个月，总裁实在是等不及了，便把安德鲁斯叫到办公室，对他说道："你到公司差不多半年了，但是，没有人知道你都干了些什么。"安德鲁斯非常吃惊。"你没看见我在学习吗？"他回敬道，"除非我可以拿着像样的报告来见你，否则浪费你的时间有什么用？""安德鲁斯先生，"总裁说道，"显然，你和我们都犯了一个错误。我想，你最好另谋高就。"

当总裁再次讲起这一经历的时候，他自己都觉得简直是不可思议。"那个年轻人来我们公司的时候，号称精力充沛，责任心强，干劲冲天，"他说着，"很显然，他一定隐瞒了什么事情。离开我们公司以后，他加入了一家规模很大的公司，现在已经当上了那家公司欧洲区的副总裁，而且我还听说，他干得非常好。但是，他在我们这儿坐了六个月，却一事无成。"

对此，安德鲁斯不仅感到很吃惊，而且也感觉很难过，他说："那些老顽固根本没有意识到制订国际业务计划的重要性。他们没有数据，没有计划，没有组织。他们不是雇用我来贩卖扳手的，而是雇用我来带领他们正确地进入世界市场的。除了花时间做出一个正确可行的计划，他们还能指望我做什么？"

直到有一天，当他将这件事告诉一位老朋友的时候（这个人以前跟他一起念大学，现在已经是一名很有经验的律师了），他却得到了一个意想不到的回答。"当然了，弗兰克，"那位朋友说道，"这些人都是些'老顽固'。但还是你错了，你表现得像一个年轻又傲慢的傻瓜。"

问题

你能向安德鲁斯解释一下他的律师朋友的建议吗？为了防止这种很明显的完全沟通失败，那家公司和它的总裁本来应该怎样做？

CASE 34 | 案例 34

精神失常的初中校长[一]

20 世纪 60 年代中期，当东部一个著名郊区的新一届市议会委任了新一届校董事会的时候，市议会向校董事会发布了一道指令：坚决杜绝极端的种族隔离行为发生在我们的公立学校里。1945 年，第二次世界大战接近尾声的时候，整个镇子的人全部都是白人；随后，黑人开始涌入，他们大都是来自临近大城市的中产阶级黑人。到了 1966 年，这个镇子的总人口中，黑人已经占到了 40%。但是，除了合并后成立的高中外，那里的 4500 名学生中黑人学生就占了 30%，镇上其他所有学校都实行严格的种族隔离政策，其中大多数都实行分区管理。最严重的情形发生在镇上五所初中里。其中四所学校修建了很大的新教学楼，但是配套的设备根本没有得到充分利用，事实上一半都是闲置的。这里基本上全部都是

[一] 本案例的目的仅仅是介绍对有效的沟通的认知，尽管案例中的故事并不令人愉快，但该案例触及了人类间交往，特别是种族间实现有效沟通的核心。

白人。第五所学校根本就是骄傲自负到极点的畸形。在一栋陈旧的、早在第二次世界大战之前民众就认为应该拆除的砖结构教学楼里，两个班轮流上课。而且，每个教室、每一轮上课的人数都超过了州政府规定的容积量的50%～60%。他们全部都是黑人学生。

新一届校董事会决定尽力做些工作来改变这一状况。但是很快，他们发现，他们受到了那些黑人团体成员的抵抗，绝大多数情况是故意破坏财产。学校里那些吵着闹着坚决要求反对种族隔离的人，看上去其实并不想做任何改变。包括学校七人董事会中那三位深受尊重的黑人董事，极不情愿地慢慢处理这个问题，这就是董事会里美国黑人董事暗示给人们的态度。当然，所有人都知道，第五所学校，也就是黑人学生的初中学校，很快就会关闭，所有的学生都将被分配到另外四所比较新的、还有一半空置率的、目前全是白种人的学校就读。就算是这样，那些学校都还只能算是基本满员。每个人都清楚，一所初中的校长很可能会被提拔，很可能是升任高级中学的校长助理或者是地区的副主管。所有的白人董事都认为，时年62岁的米尔格兰（Milgram）先生应该获得晋升，也就是说，米尔格兰先生将空出一个校长的职位，因为他现在还是其中一所白人学校的校长。毕竟，他还有3年就要退休了，而且他在整个教育体系内也不是能力最强的校长。黑人社团里的每个人都知道一些事情，但这些事情不是白人社团的人所能想象的。

维克斯（Wicks）夫人是一所黑人初中学校的黑人校长，罹患了很严重的精神病。很多年来，她一直被认为是个很古怪的人。但是，她的病情已经恶化得非常快了。现在，她已经有一半的时间是疯疯癫癫的了，这是巨大的生活压力导致偏执狂的一个典型案例。事实上，几年前，黑人团体为了保护她和其他一些人,偷偷地采取了一些措施,保证这个贫困的妇人永远不会感到孤独。他们在她的周围安排了一些心智健全、心思缜密、诚实可靠的黑人团体的女性成员,这些措施都是在她用剪刀袭击了她手下的一名女教师,使得这名女教师的手腕和脖子多处受伤以后才采取的。

但是,在1966年,维克斯夫人是镇上唯一的黑人校长。实际上,她也是整个州仅有的一位黑人校长。所以,她是非洲裔美国人成就的象征,也是每个黑人家庭的代言人。然而,如果校董事会要重新任命校长,校长们必须根据州法律的规定,亲自当着校董事会的面,进行问答式的面试,为他们拟就任的学校制定规划,还要和校董事会的人待上让人饱受折磨的4~5个小时。校董事会的会议室是开放的,所有公众都可以旁听。会议上将会有非常激烈的辩论,因为镇上有个地方(就是米尔格兰先生执教的初中所在地)的居民们以强烈反对种族融合而著称,他们决心将这种反对进行到底,并且决心要让每一位美国黑人参选者难堪,向他们竞争"白人"初中校长一职的行为发难。在这种情况下,维克斯夫人要想泰然自若地通过这一系列的考验几乎是不可能的。

结果,这个问题最后自行"解决"了。星期天早上,就在教堂做礼拜的时候,负责照顾不幸的维克斯夫人的那位妇女疏于看护了几分钟。维克斯夫人突然抓起了厨房里的一把刀,跑到圣坛上,袭击了黑人牧师,在他的背上划了两刀。那位牧师没有大碍,但是,理所当然的是,维克斯夫人被送入医院治疗,并且被免除了一切职务。然而,就在发生这件事之前的那个星期六晚上,校董事会的一位黑人董事(他本人是社区里面很受尊重的一名医生,该地区还主要是白人中产阶级的聚居区时就来此定居），他不畏艰险地在他家里召集了一次校董事会议。

"你看，"他开口说道，"你们应该知道，我们为什么这么拖拉，你们应该知道关于维克斯夫人的事。我们所有在校董事会里面的人，黑人也好，白人也好，都存在一个沟通问题。黑人社团即使知道我们需要和以前一样多的老师，甚至是更多的老师，他们也根本不相信校董事会在关闭维克斯夫人的初中时会留任所有在里面执教的黑人教师。但是，即使面对米尔格兰先生所在地区民众的强烈抗议，我们仍然确实想将黑人老师调到白人学校或者让他们在之前的白人学校任教，给他们同样的工作和同等的机会，这种想法连我自己都很难相信，更不要说其他任何一个黑人了。而且，我们下一步打算任命一位黑人担任那四所学校中的一所学校的校长。这种事情，在这个国家的任何一个黑人团体都不会相信。不仅如此，你们也清楚，我们将招致一大批白人的强烈反对，他们至少会要求我们等到三年后米尔格兰先生退休时再说。维克斯夫人的病情已经非常非常严重了，我们所有黑人社团的成员都清楚这件事情。但是，在非常艰难的时候，她一直在努力支撑着，这些年来，我们所有人都目睹了一切，并且对她怀有无比的敬意。你们打算怎样去宣传我们致力于的种族融合事业呢？这不仅是学生的融合，也是教师以及管理者们的融合。"

问题

你打算怎样回答本文最后的问题？

CASE 35 | 案例 35

商业决策的结构

日本京都的中村漆器公司（Nakamura Lacquer Company）是上百家制作漆器的小手工店之一。他们制作的漆器主要是日本人日常使用的餐具，但是，很多驻扎在那里的美国官兵很喜欢买来当作纪念品。年轻的中村先生在1948年接管了家族生意。他看到了纪念品市场的商机，但也很快发现，传统的手工方法不仅速度太慢，而且对于生产纪念品来说成本太高了。他发明了一种方法，要在纯粹的、使用最简单的工具的手工劳动中引入机械镀膜、抛光、检验的方法，来制造手工艺品。当美国大兵和搜购纪念品的人群在1952年随着美军占领而一起消失的时候，中村已经建起了一个很大的产业，雇用了几千人，每年生产50万套瓷器餐具，并将它们卖给日本的大型超市。中村的"菊花"（Chrysanthemum）品牌成为日本家喻户晓的品牌，也是消费者最喜欢购买的品牌，它的产品品质优良，档次适中，可信度高。然而，除了日本本土，中村在海外几乎没有任何业务，只是偶尔会通过他的日本店铺，如大型的百货商场，向美国游人出售一些商品。

市场一直就是这样，直到1980年年初，美国人开始对日本生产的物品越来越感兴趣。中村先生接连接待了两位来自美国的游客，他们两个人都享有很高的声誉，并且拥有最高级别、最好、最可信的证明材料。

"中村先生，"其中一个人说道，"我叫菲尔·罗斯（Phil Rose），是国家瓷器公司（National China Company）的市场部副总监。你大概知道，我们公司是美国最大的优质餐具制造商；我们的品牌'玫瑰—皇冠'（Rose & Crown）占领了整个市场30%的份额。我想，我们能够成功地将瓷器餐具引入到规模较小但增长潜力很大的美国市场。我们对日本的工业进行了调查研究，发现您是到目前为止最优秀也是最先进的生产商。我们希望能与您签订一份为期3年的生产订单，每年我们的采购计划大约是40万套你们生产的瓷器餐具，从日本发货，价格比你的日本批发商给出的价格高5%。前提条件是：商品只能是专门为我们制造，并且要印上我们的商标'玫瑰—皇冠'。同时，你还要承诺，在此期间不能向美国其他瓷器餐具商出售你们生产的同一品牌的产品或者任何其他品牌的产品。"

中村先生还没有来得及从刚才那位先生的话里回过神来，第二位客人就出现了。"我叫沃特·塞梅尔巴哈（Walter Semmelbach），"他开口说道，"塞梅尔巴哈，芝加哥塞梅尔巴哈—维特克公司（Semmelbach and Whittaker）的，我们是美国最大的酒店餐饮用品供应商，也是很多百货商场餐具及类似产品的代理采购商。我们认为，我们可以成功地将优质的日本瓷器餐具引入我们的市场。事实上，我们所有的经销商都想尝试这一想法。我们估计，每年至少有60万套的市场购买潜力。五年之内，这个数目将会增至 200 万～300 万。我们对您所在的行业进行了调查研究，认为您是日本唯一可以抓住这个机会的人。我们不向您索取半文，我们愿意承担产品的所有宣传推广费用。我们已经为未来两年的宣传推广预算了 150 万美元的费用。我们对您的要求只是：①五年内，按照标准佣金率，我们享有您的"菊花"品牌的独家代理权；②在此期间内，我们销售所得的第一个 20%，经过测算，大约就等于您的利润率，将被用来支付用于宣传和推广产品的费用，当然这个数字将由您指定的独立的会计师事务所进行审计和核算。"

问题

假设文中的两个人都是非常真诚并且都是值得合作的一流合作者。中村先生需要考虑清楚哪些事情？他应该做出什么决策？我们应该如何对这两个人的合作条件进行对比？

案例36 | CASE 36

企业的控制面板

一家大型跨国化工企业的新总裁兼首席执行官曾经在法律和金融行业工作过。在他加入这家公司的时候，公司还只是一家小型的区域化（如果不能说是地方化的话）企业。他首先认识到，要想公司高速发展，就必须采用不同于他以前担任企业法律顾问时使用过的合法途径；他的法律才能和法律建议对公司成长为一家大企业起了很大的作用。随后，在公司开始拓展全球业务的时候，他担任了财务总监。他再一次意识到，现存的财务体制，甚至还包括现有的财务信息与控制体系，已经很落后了；在他的领导下，公司开发了更先进的信息系统，这极大地促进了公司的平稳、快速发展和公司在完成收购或合并之后成功对其他公司（特别是欧洲公司）进行整合。

但是，当他当上了首席执行官以后，1990年前后，每天上班时那些看不完的文件让他脱不开身，他觉得非常沮丧。他坚信首席执行官应该密切联系群众；他更坚信，他必须抽出时间去拜访公司总部以外的关键人物，特别是海外分支机构的那些关键人员，因为到1996年，海外分支机构已经占据了整个公司销售和利润的50%，并且业务量增长速度快于美国本土。现在，他整天被困在办公桌前，淹没在一堆数字和报告之中。大多数数据和报告都是几年前他亲自要求提交的，他当时还为此受到了高度的称赞，可现在看来，这无异于雪上加霜。

一年到头，他都在努力做着两件事情，一是超然于堆积如山的文件，二是管理好整个公司，可最后却发现，他一样都没有做好。毫无疑问，他每天都要花费好几个小时阅读报告，但是他确实一点也不明白报告人究竟想要告诉他点什么，他强烈感觉到自己快要被逼疯了。他忽视了业务，最要命的是，他忽视了员工。后来，他最得意的研究主任辞职了，并直言不讳地说，他辞职的原因是他得不到最高管理层足够多的会见时间和关注。这时，这位首席执行官才意识到，他必须采取一点激进措施了。

他记起一个名叫克里斯汀·丘迪（Christine Tschudi）的人，她是一位年轻的瑞士女性，最开始在法国分公司工作，后来在很短的时间内就升任了该分公司的控制员。随后，她申请调到美国纽约总部，因为她想获得信息与控制系统专业的高级学位。她撰写了题目为"企业的控制面板"（The Corporate Control Panel）的博士论文（首席执行官有一份她提交的论文复印件，但是他把论文放在一边，因为他一个字也看不懂，或者更准确地说，论文里面本来就没有多少字，仿佛全是公式）。现在，这个女人担任的职务是公司海外机构助理控制员，并且已经小有名气了。总裁叫来克里斯汀·丘迪，说道："我需要制定一套控制系统，并且时间很紧迫。这套系统要能为我们高层管理人员提供管理、控制整个公司所需要的信息。提供给我们的信息必须非常及时，这样我们才能有足够的时间做出反应。很多时候，我要的数据在我拿到的时候已经过时了。所有高层管理团队和高层运营团队的人员必须同时得到这些信息，以便大家在开会讨论的时候知道彼此在说些什么。信息系统必须突出显示发生了重要事件或者没有发生重大事件的领域，这样我们才知道该重视什么。信息系统还必须足够简明扼要，这样我一个月只需要花一天时间来研究它就能够看懂，而且我们管理层每个月也只需要开两三天的会议，就能一致决定应该采取什么行动或者应该继续研究什么问题。研讨会将由你来筹备，不能太仓促。我知道，明天我肯定是不可能拿到方案的。但是，我真的希望你能首先拿出一个初步方案，我们可以先尝试使用一段时间。最多三个月之后正式实施。"

问题

你打算怎样设计这个"控制面板"？它是不是真的可行？或者说，这会不会是一个听上去不错实际上却无法实施的体系？将首席执行官的想法作为整个高级管理团队的思想是否明智？

8

第八篇

创新与创业

MANAGEMENT CASES

案例37 | CASE 37

研发战略与商业目标

艾博（Able）、贝克（Baker）和查理（Charlie）三家公司是世界上最成功的制药公司。艾博和贝克公司非常庞大，查理公司规模中等但发展迅速。三家公司投入的研发资金占其收益的比例相同，结果也很类似。然而，它们彼此采用的研发方式却截然不同。

艾博公司是自第一次世界大战结束以来历史最悠久的公司，同时还是行业的领军企业（当然也是企业中真正最全球化的公司）。该公司一度精挑细选了一个领域，然后投入巨额的研究资金。当大学学府的纯理论研究率先显示该领域可能会出现真正的突破时，艾博公司就选择了这一领域，这是个极其冒险的决定。早在这一领域开始商品化生产以前，艾博公司就专门聘请该领域最优秀的人才（通常是那些在理论上取得原创性突破的人员），并让他们着手开展工作，以期赢得对该行业的早期领导权和支配权，进而长期占据主导地位。同时，公司并不会在这些领域以外投入研发资金,甚至丝毫没有这方面的考虑(这种策略曾经出现在20世纪20年代,那时有关维生素的初步研究成果还是首度发表,公司聘请了获得诺贝尔奖的化学家、研究维生素的生物化学家和药理学家以及医学界人士,共同完成这项研究。几年内,公司成为世界上最大的维生素供应商。今天仍然如此)。公司一直致力于维生素的开发和利用工作,直到20世纪30年代中期才涉足其他研究领域。同样,当磺胺类药品(Sulfa-drug)还是"科学之谜"的时候,公司就开始介入,到1940年,公司已经在这个新领域取得了世界领先的地位。直到今天,在全球抗感染药品市场上,尽管出现了抗生素,但磺胺类药品仍然被广泛使用,公司也一直维持着它在磺胺类药品领域的霸主地位。直到1950年,当中枢神经系统药品——最早的镇静剂问世时,艾博公司才实现了又一次重大战略转移。公司再一次投入了大量的精力研究镇静剂,并且在镇静剂市场几乎占据了垄断的地位。近年来,同样是基于最早取得的理论研究成果,公司又将研发重心转移到了微生物学和细胞结构领域。对那些不被看好的研发领域,公司从来不予关注。公司不仅完全放弃了抗生素市场,还特意放弃了整个节育领域。公司冒着极大的风险,于最早时间在重大领域占据了举足轻重的地位,并在运作成功的情况下获得了丰厚的回报。

  贝克公司采取的策略完全不同。它的研究实验室或许是制药行业里最负盛名的,研究涉及的领域十分广泛。然而,在某个领域的基础理论研究工作尚未完成之前,公司从不深入其中,而是等待基础理论成熟之后才开始介入。公司的目标是,每个领域都只生产小批量药品,但药品必须是处于明显优势的、对医学实践有重大推动作用的。每种药品都有自己专门的实验室,但在每10种药品中,公司自己营销的产品却不会超过两三种。当"能够研制出有效的药品"这一事实客观、明显、合理地摆在面前时，公司会仔细地评估和分析产品，事实上是考察与该产品相关的整个领域。首先，新产品是否在医学上有重大突破？有没有可能成为新的"标准"？其次，与在某个特定领域已经被证实的或者最具有影响力的药品相比，该新产品是否可能对整个卫生保健领域和医药行业都产生重大的影响，而不会仅仅局限于某一个专门领域（即便该领域规模很大）？最后，该产品能否在数年内一直保持行业"标准"的地位，而不会被竞争性产品所替代？如果以上任何一个问题的答案都是否定的，那么公司将会选择许可经营方式，或者出售研发成果，而不会将它转变成自己的一个产品。这两种方式都非常有利可图。特许经营获取的收益几乎等于公司自产自销的收入。并且，这样做确保了公司的每种产品都被认为代表了医药行业的先进水平。

查理公司从不做研究，它所做的一切都是开发。查理公司从不涉猎艾博公司和贝克公司认为有吸引力的任何一种产品，相反，它寻找的是这样的领域：规模小但很重要，经过非常简单但可申请专利保护的开发即可在行业内处于近乎垄断的地位。它在医药和外科手术行业寻找即有产品没有发挥功效的领域，因此只需要进行一点点革新，就可以极大地提高医生或者外科大夫的绩效水平。它要求自己进入的领域符合这样的条件：规模足够小，就算真正开发出了质量上乘的产品，也不会引起其他公司进入该市场来参与竞争。该公司的第一种产品是已经问世了40年却一直毫不起眼的酶。使用酶，可以让白内障患者在眼科手术过程中不流血，从而极大地减轻了眼科医生的工作压力。现在唯一要做的，就是找到一种延长酶的储藏时间的方法。第二种产品是一种非常简单的药膏，这种药膏涂抹在胎儿的脐带上，可以防止感染，并加速伤口愈合。这已经成了全世界每个产科医院的标准做法。但这种产品伴有毒副作用，于是，公司开发出了一种新产品来替代该产品，并首先为新生儿净身以防感染。它主要做的是"复合"，而不是"发现"。在它所选择的每个领域，世界市场规模都是有限的，或许是2000万美元，只要一个供应商能够提供一种真正优秀的产品，就可以在几乎没有竞争和市场价格压力的情形下，占据接近垄断的地位。

几年后，这三家公司的研发副总裁一致同意，在一家著名的商学院进行有关研发和商业战略的演讲。该商学院的商业政策教授担任会议的主席，在第一次会议上介绍他们时说道，"A博士"，他指着艾博公司的研发执行官说，"将会告诉我们有关用科学和技术创业的知识。来自贝克公司的B博士谈论的题目是'基于服务的经营战略'。查理公司的首席研发官C先生，将会谈论作为经营战略根基的市场营销。"

问题

会议主席所说是什么意思？这三家公司各自所选择的经营目标和基本战略是什么？

案例38 | CASE 38

谁是实验室里最聪明的仓鼠

威克斯托姆制药厂（Wickstrom Pharmaceuticals）创立于19世纪晚期，当时斯文·威克斯托姆（Sven Wickstrom）刚刚从他的祖国瑞典来到明尼苏达州（Minnesota）北部的一个小镇。他开始向那些正往明尼苏达州迁徙的斯堪的纳维亚农民出售凉茶和简单的瑞士民间药方。他的儿子以此为基础成立了一家小公司，主要生产止咳药品、刚长牙的婴儿服用的镇静糖浆以及类似的其他药品。但是，这家公司从来就没有取得过很大的成功。进入20世纪30年代，医生的处方药品和广泛宣传的国内专利药品品牌开始盛行起来，该公司更是开始走向衰落。创始人的孙子布赖恩·威克斯托姆（Brian Wickstrom）充分认识到了这一点。他成长在明尼苏达州明尼阿波利斯市，早在孩提时代就发誓要尽快离开明尼苏达州和家族公司。然而，他刚一读完高中，便应征入伍前往越南，参加了越南战争。退役之后，他利用自己的政府教育津贴完成了大学学业，主修商业科目，并希望借此能在某个大公司谋求一份满意的工作。但是，1979年，就在他毕业后的几个星期里，父亲不幸去世了，母亲要求他接管家族企业，只要能挽回损失就好了。于是，布赖恩接掌了公司但是只答应干六个月。

在六个月期满前，他非常惊讶地发现，这家公司虽然完全没有可以出售的产品，却是一家拥有先进机械设备的小型现代化工厂。他的父亲把所有收益都投入到了机器上，还建造了一流的实验室。在那个年代，它的制造能力在整个制造行业里都是难得一见的。于是，布赖恩投标，从正开始大批量生产"特效药"（特别是当时新兴的抗生素）的大型制药厂商那里得到利润颇高的分包合同。不久，威克斯托姆开始盈利了，布赖恩发现自己喜欢上了商业运营。但他同时也意识到，公司必须拥有自己的产品。这意味着，他必须要制定经营战略，进行大量的研究和产品开发工作。

在服兵役期间，布赖恩认识了另外一位年轻军人弗里茨·赫奇兰德（Fritz Hirschland），年纪相仿但背景完全不同的两人成了好朋友。弗里茨·赫奇兰德初中阶段曾经跟随父母到美国就读，并在美国完成了接下来的学习生涯。弗里茨·赫奇兰德一心想要当内科医生，正如他之前的赫奇兰德家族五代先辈一样。高中毕业的时候，他刚好也应征与布赖恩·威克斯托姆一同参军。一年以后，两人在军官训练营结识，并迅速成为朋友。他们一起经历战争，一起进入大学。但是，当威克斯托姆回到明尼苏达州挽救家族企业的时候，赫奇兰德（那时他已经转到了生物化学专业）仍然继续在大学里学习，全心全意谋划着自己的学术生涯。威克斯托姆的问题引起了他的兴趣。他一边在攻读博士学位，一边越发关注威克斯托姆化学实验室的情况。他一获得学位,就接受了威克斯托姆化学实验室的首席研发官这份工作。在团队里,他是科学合伙人(scientific partner),而威克斯托姆则是商业合伙人(business partner)。布赖恩思考公司的战略,界定公司的使命,制定公司的目标,期望公司成为制药行业里迅速崛起的专业制造商。赫奇兰德了解技术的潜力,确定公司应该重点生产的产品,在那些规模小但很重要,尤其是有利可图的领域获得领先地位。总之,赫奇兰德成功地证明了他既是一位杰出的研究型科学家,能够成功地改良新药以满足具体的临床需要,还是一位一流的研究管理者,特别善于团结和领导年轻的、充满激情的、成绩卓著的科学家团队。

布赖恩·威克斯托姆曾经被认为是年轻、健康和活力的化身,不幸却在近 50 岁的时候患上了癌症。几乎人人都认为赫奇兰德会继任威克斯托姆的职务。但是,威克斯托姆却拒绝:"我属于这个实验室,行政副总裁兼总法律顾问查理·斯旺福特(Charlie Swansford)更能胜任首席执行官这个职位。"于是,斯旺福特接替了这个职位,他比威克斯托姆和赫奇兰德都要年轻。斯旺福特最初是一名专利权律师,后来升职为总法律顾问兼行政副总裁,负责法律诉讼、专利权、行政管理、财务和人事管理等事务。虽然斯旺福特不如威克斯托姆那样熟悉和了解赫奇兰德,但他也成为赫奇兰德的好朋友。在威克斯托姆生命的最后几年里,斯旺福特向赫奇兰德谈起了他对公司缺乏专业化管理和适当组织结构的担心。"公司的发展已经超过了威克斯托姆所能管理的范围,"他曾经抱怨说,"我们的公司实在是太庞大了、太复杂了,不能依靠任何一个人的直觉来进行管理,而不论这个人有多么伟大。"出于对威克斯托姆公司深深的热爱,赫奇兰德认同了斯旺福特的观点，事实确实如此，斯旺福特的担心是正确的，这是他的管理的经验之谈。在赫奇兰德的眼里，斯旺福特是威克斯托姆最理想的继任者。

斯旺福特迅速重组了生产和市场部门，并且聘请了一位强硬而能干的财务总监，赫奇兰德很高兴。一年以后，斯旺福特组建正式的预算和计划部门，提前制订一年、三年和五年计划，赫奇兰德对此大加赞赏。但当斯旺福特要求他制定研究预算的时候，赫奇兰德却表示反对。"你无法制定研究预算，"他说，"事实上，这不是由我们来决定的，而是由实验室里大量的仓鼠和豚鼠在我们往它们的皮下组织里注射或者喂食给它们某些物质的时候做出的反应来决定的。如果它们反应良好，我们的投入将是前期投入的3~4倍，而且要尽可能快地投入进去。但如果它们反应不佳，我们将放弃并终止整个研发线，而不会为此再花一分钱。"

在赫奇兰德反复阐述这个观点之后，斯旺福特说道："好吧，弗里茨，如果是这样，你为什么不立刻提交辞职信，辞去首席研发官职务，并且提名实验室里最聪明的仓鼠作为你的继任者？如果是仓鼠决定预算，那么就是它们掌管研究而不是你了。你知道，只有优秀的管理者才能确保同时履行职能和责任。"

赫奇兰德认为这十分好笑，甚至眼泪都笑出来了。但当他冷静下来之后，斯旺福特继续说道："我当然是半开玩笑的，弗里茨。但如果你不能或者不愿做预算，我们就不得不找一个可以或者愿意做预算的人。不是公司需要知道研究预算是多少，而是我们需要恰当的管理，从某一个奇迹到下一个奇迹我们都要实施管理，而且是按照我们自己的方式来管理。但是，研究需要一个预算，预算是你的工具。没有它，你无法合理地预期你的决策，也不能合理地衡量取舍各种备选方案，更不能合理地判断你和你的高绩效团队成员是否被分派了适当的工作、你是否指派了适当的人员，而且是足够数量的人员去获取某种工作绩效。你的预算不是不能改变的。当然，如果形势变了，预算是能够而且也应该修订的。但是，你必须有一个基准点。我想，你的仓鼠是不能为你做决策的，可是，如果它们真的能做决定，那我希望你能教它们做预算。"

赫奇兰德没有被说服，但是，他仍然很尊敬斯旺福特。斯旺福特的主张"预算是管理者手中的一种工具"引起了他的兴趣。他已经确信，预算是最高级管理人员和财务人员需要而且必备的一种管理职能。当他起身准备离开的时候，他问道："但是，我该从哪里开始呢？我和我的研究人员会从预算中得到什么呢？"

问题

赫奇兰德博士应该从哪里开始？预算对他的哪些工作领域帮助最大？

CASE 39 | 案例 39

英特尔的安迪·格鲁夫
从创业者到首席执行官

在1986年的一次采访中,彼得·德鲁克曾经向英特尔公司的三位创始人之一安迪·格鲁夫(Andy Grove)提出了三个问题。下面就是这三个问题以及格鲁夫的回答。

问题 1

问:假如有一件事情必须要告诉自主创业的年轻人,您认为绝对有必要告诉他们什么?

答:在这种情况下,如果让我向一个人的头脑或者心灵灌输一点东西,那将会是一种理念——全身心投入,个人利益服从于企业利益。他们不应该将自己凌驾于企业之上,这一点需要反复强调。我发现,所有问题都源自人们想获取个人的成功,想证明自己是对的,想亲自赢得辩论，想通过组织变革把自己推向前台，而不顾及那些欲望或者变革可能会给组织带来的影响。

特别是，当你和其他许多人一起置身于一艘小船上时，船内非常拥挤并且气氛十分紧张，压力很大。要让大家知道，如果你仅仅和其他人一样坐在船尾，你是不会更快地到达目的地的；只有通过迅速地划船，让船前进，你才会更快地到达目的地。如果你能够让这一点深入创始人的大脑和心灵深处，你自然就赢得了即将到来的绝大多数竞争。

唯一重要的就是企业。如果企业不成功，你也不会成功。但如果企业成功了，将会有大量的成功围绕着你，你将会分享到成功的喜悦。因此，针对您的问题，我给任何人的忠告都是，不要把自我放在企业之前，因为你注定会失败。重要的是"什么是正确的"，而不是"谁是正确的"。

问题 2

问：当你们三人开始着手创立公司和经营企业的时候，什么事情是必须最先学会去做的？什么事情是不必去学的？在公司获得成功并且不断发展壮大以后，这些事情又发生了怎样的变化？

答：首先要做的工作在概念上非常简单。有些工作你需要今天做，有些需要明天做，而有些则需要月底做。现在我们十分关注做事的过程。与今天的英特尔公司不同的是，当时我们仅知道应该做什么，于是便有人去做。

当时我们不关心做事的过程，对此缺乏兴趣，从开始改变这种状况到思考（正式）流程大概在公司历程中占了三年的时间。在最初的三年里，没有行动计划，人们仅仅依靠自然喜好去做事情，彼此之间也很少发生冲突。我们只雇用那些身怀专业技能的人，因此公司不涉及任何培训。从成立之初开始，公司就很关注人才。关注的实质是非常明显的技能导向和工作导向，而不是过程导向和培训导向或者结构导向。

17年过去了，如今，我的个人行为已经发生了巨大的变化，因为公司已经变得更大、更复杂，而且我也年长了17岁。

现在，我做事情也明显与以往不同了。17年以前，我亲自负责购买设备、做实验和处理数据。那时，我和生产原料仅相隔一步之遥。今天，我和那些东西的距离已经很远了。现在，我只阅读内容摘要，但总要和人打交道。人才是永恒的主题。

刚开始，我凭自己的直觉进行人员招聘、企业管理和交流沟通。我记得有两件里程碑式的重要事件。1968年，英特尔公司成立，但直到1971年，我们才开始意识到有必要进行某种形式的正式培训。我们之所以认识到这一点，是因为制造部负责人利用同生产操作人员共进午餐的机会，询问了他们所关心的问题。经过三四次午餐交谈之后，令他非常震惊的是，工人们最主要的抱怨是他们没有接受过与工作相关的培训，而他本以为工人们会抱怨办公场所太热或者太冷，或者要求在工作时间放些音乐。正是这几顿午餐推动了英特尔的正式培训，但这并不是我的直觉。我们开启了对操作人员的非常高级的培训项目。接着，新问题又出现了，"我们难道不应该也对管理者进行培训吗？"

1973年，基层主管们说："公司要求我们进行绩效考评，还要完成其他工作，就应该告知我们该怎么做。"他们再次要求公司开展另外的培训，而这次只是管理培训。我不得不重新反思几年前就一直使用的直觉管理方式。

我经历了一个逐步演变的过程。事情变得越来越复杂。人们怀揣知识进入一家新公司。我的认识逐步发生变化，慢慢形成了工作轮换的思想。我自己的角色定位在较早时期就已经初步形成了。我是组织者和任务管理者。早期工作小组里的人几乎都立即被吸引到了适合他们自身的工作岗位上。团队几乎是自然形成的。每个角色都需要由合适的团队成员去扮演。

如果你没有在很早的时候就彻底地通盘考虑关键人物的角色定位，你就会在组织中树立起小团体，进而引发权力斗争，而这些对处于初创时期的企业来说是致命的。新员工和部属有着与我不同的行为方式。我和那些人发生了一些真正的冲突。他们无法了解角色定位的意义，与早期建立的团队发生了冲突，而冲突的根源就在于行为方式上的差异。我们坚持认为他们的行为方式应该优先并尽量向其他人施加压力，结果我们卷入了权力斗争的旋涡，并浪费了大量的精力。这是我们最早接触责任的问题，我不得不去应对，虽然我不情愿，但是别无选择。

早期团队十分乐意为一丁点的摩擦和些许的争论做出改变。我们中的大多数人渴望思想，怀有异想天开的想法，他们更热衷于进入一个新的领域，而不愿意在原有的领域发挥自己的聪明才智。正是由于相同的原因，我们并没有制止员工走出去接触顾客。

我的任务多少不像是"走出去"，而更像是"新来者"的"总管家"，很早开始就如此了。我是一个自尊心非常强的半导体人，我要为各大公司的销售代表搭建一个平台，其实他们最关心的不是技术，而是与英特尔公司的营运有关的问题。我几乎立即就开展了这项工作。我们的行业承诺要为大家提供以前不曾提供过的各种产品，所以，我们非常有必要怀疑我们拥有的顾客基础。因而，我们以"英特尔说到做到"（Intel Delivers）作为公司的标识语。

问题 3

问:你是如何发展自己的?

答:我花费了大量的时间,让我的嗅觉进入到一种新的活动状态。我发现,我给自己时间约束。有时候,我感觉有些事情必须要做了,于是便开始扫描我所做的事情。我在寻找机会。我寻找的是这样的活动——我已经参与了,但我可以终止,不再继续参与。对于绝大多数不得不做的事情,我可以做一些替代性的安排。比如说,将我们的管理会议从每周一次改为每两周一次。

在每种情况下,时间都是很紧迫的。我问自己,"我现在做的事情当中有哪些是我不应该做的?"我强迫自己超负荷工作。我在一大堆杂物中寻找那些应该抛弃的东西。

我检查我所做的事情。哪些是仍然要做的?哪些是我能做好的?我所做的事情产生了足够的价值吗?比起其他事情来,这件事是值得还是不值得的?我扪心自问。也许将要发生的事情就是,我不会立即停止某件事情,但是我会启动机器,然后在某个特定的时间段(比如六个月)停机。

问题

作为一个创业者,安迪·格鲁夫做了什么?在英特尔变成一家非常复杂的公司以后,身为首席执行官的他又做了什么?你从英特尔公司的合创者和总裁安迪·格鲁夫的经历中学到了什么?

案例40 | CASE 40

乔达克—格雷特巴奇体内植入起搏器[一]

1958年，威尔逊·格雷特巴奇（Wilson Greatbatch）同心脏病专家威廉·乔达克（William Chardack）一起发明了一个体内植入心脏起搏器，并为其申请了专利，注册名称为乔达克—格雷特巴奇（Chardack-Greatbatch）体内植入起搏器。尽管乔达克—格雷特巴奇起搏器并不是率先发明的起搏器，但却是自始至终都极其成功的起搏器。

1960年，纽约布法罗市米勒德·菲尔莫尔（Millard Fillmore）医院首次将起搏器植入患者体内。起搏器的初始能量来源是一块汞锌电池，它的平均预计寿命为五年，而实际寿命只有18～24个月。

1970年，格雷特巴奇在体内植入起搏器方面做出的第二大贡献是发

[一] 本案例素材来自：Lyal D. Asay and Joseph A. Maciariello, *Executive Leadership in Health Care*, Jossey-Bass, San Francisco, 1991, p.233, and from Wilson Greatbatch, *The Making of the Pacemaker: Celebrating a Life-Saving Invention*, Prometheus Books, Amherst, New York, 2000.

明了锂碘电池。这种电池的电量是原来汞锌电池的两倍，实际使用寿命超过10年。锂碘电池问世之后，出现了四种竞争性电池：全锂电池、锂银铬电池、锂—亚硫酰氯电池和锂铜硫化电池。虽然这些电池都经实验证实可以使用，但锂碘电池一直是行业公认的标准。

1961年，美敦力公司（Medtronic）获得了乔达克—格雷特巴奇体内植入起搏器的授权许可，当时该公司成立只有10年。现在，上百万个起搏器被植入患者体内，挽救了数百万人的生命，提高了植入者的生命质量。美敦力公司一年大约卖出25万个起搏器，每个起搏器的市价是5000~10 000美元，由此获得的销售收入是20亿美元。

威尔逊·格雷特巴奇是一位接受过康奈尔大学教育的电气工程师，他在公司后面的车库里发明了起搏器，并制造了最初的50个产品。他一直努力不让自己卷入各种潜在的产品责任诉讼官司。在把起搏器技术转让给美敦力公司以后，威尔逊的公司开始生产体内植入起搏器的电池和精密元器件。公司高度重视电池生产，因为电池技术是决定起搏器寿命的关键。

威尔逊的威尔逊·格雷特巴奇有限公司（Wilson Greatbatch Ltd.）于1997年被公司的一群高级管理者收购了，收购资金是由全球卫生保健合伙人（Global Healthcare Partners）和DLJ商业银行公司（DLJ Merchant Banking Inc.）提供的，后者是唐纳森—卢佛金—杰瑞特公司（Donaldson, Lufkin & Jenrette）的一个分部。格雷特巴奇公司成了一家上市公司，在纽约股票交易所挂牌交易，其标志是GB。

威尔逊·格雷特巴奇现年已经87岁高龄了。作为一个发明家，威尔逊独立、认真、足智多谋。他是一个梦想家。他的想法来自与内科医生的交谈讨论和与其他人的私人交往。他喜欢实施并提炼这些能够帮助别人的想法。他对财富很感兴趣。毕竟，金钱维持着他的生意和他的研究。但是，他主要受信念的驱使，他承诺要提升生命的质量。

威尔逊和他的公司拥有150余项专利权（大部分是有关电池技术的）。虽然威尔逊的失败率非常高，但他坚信，自己的失败是自己或者是别人今后成功的基础。

问题

详细重温起搏器的发展历史和威尔逊在其中的角色。你如何描述他的战略？哪些"知识"汇集在一起促成了起搏器的发明和完善？你如何评价威尔逊作为一个革新者所采取的战略？从这个案例中，你还学到了什么？

9

第九篇
管理组织

MANAGEMENT CASES

案例 41 | CASE 41

无敌人寿保险公司

几乎可以毫不夸张地说，无敌人寿保险公司（Invincible Life Assurance Company）是菲利普·马尔霍兰（Philip Mulholland）的孩子。第一次世界大战后不久，他成立了这家公司。当他还只是一名年轻的保险推销员的时候，他就已经确信，与东部任何一家现存的人寿保险大公司相比，一家由本地人开办并且实行本地化管理的公司会为迅速发展的中西部地区提供更好的服务。他成立这家公司已经好几年了，最初是在本地经营人寿保险业务，然后逐步发展成为一家全国性的公司。在发展新险种方面，他是一位开拓者。比如，团体人寿险和员工退休金计划，最初都是由无敌公司在本地出售和推广的。

无敌公司不仅是马尔霍兰的孩子，也是他的生命。在公司发展的头10~12年，他几乎都是在办公室里度过的。甚至周末大部分的时间，他也用于拜访推销员，确定新代理商，或者亲自处理客户索赔。20多岁时，他结婚了。但仅过了几年幸福的婚姻生活他的妻子就不幸去世了，他成了一个孤独无子的鳏夫。从那时起直至他的生命结束，他的整个心思都扑在了无敌公司上。在他生命的最后20年里，他住在离办公室三个街口远的一套简陋的酒店公寓里。他回到酒店仅仅是为了休息。

马尔霍兰是个沉默寡言的人，每个认识他的人都很尊敬和喜欢他。在他去世的时候，他把一生大部分的财产都捐给了慈善机构，还留下了适当的遗产为员工子女教育成立奖学金，他的朋友们并不因此而感到惊讶。虽然公司很早就是一家大公司了，但他仍一直使用简朴的小办公室。他特别愿意帮助年轻人，尤其是聪明的年轻人。当他注意到他们从他办公室走过的时候，就会花费许多时间和他们一起讨论有关问题（以及人寿保险面临的挑战）。实际上，有了马尔霍兰手下的这帮"年轻人"，美国的人寿保险业兴旺发达了。这些年轻人都是他发现并培训成长的，他最终都为他们找到了人生的坐标；他们中的一些人还成了如今美国保险业的巨头。

然而，也正是这些特点，导致公司完全缺乏秩序和组织制度。马尔霍兰从来没有自吹自擂地说，他可以在任何一方面都比别的任何一家保险公司做得好。公司里的每个人都清楚地认识到了这一点。然而，这家公司还是在缓慢地发展，对马尔霍兰先生而言，它仍然是那间最初的小办公室，放着一张廉价的桌子和一台针式打印机。最后，所有大大小小的事情都要由他决定。比如，他决定所有人的薪水，从办公室文员到公司高层人员无一例外。官方有一个"保险人委员会"（underwriting committee），专门负责处理那些有问题的投保申请以及保险金额超过10万美元的保险单，州保险委员会成员坚持要求成立这样一个委员会。但是，地区销售经理通常和马尔霍兰先生在电话里就直接"枪毙"了那样的保险单。虽然马尔霍兰总是打算在下一次委员会会议上"提出"这些问题，但他很少这样做。事实上，委员会的岗位空缺持续了好几年，一直没有增补新人。新的保险单和保险合同——人寿保险业务的"新产品"也是由马尔霍兰先生自己解决的，他只用精算部门来解决机械的计算问题。他亲自审查并决定每个人的任命或升迁。结果，除了纯专家型的工作外，他不允许高级管理人员做任何事情，公司的日常工作、经营管理等主要都是由他自己亲自决策。

更糟糕的是他的善心以及他过度关心年轻人的后果。在公司兴旺的时候，马尔霍兰先生对那些早年曾和他一起工作的人非常慷慨。公司的薪酬是严格保密的，只有马尔霍兰先生知道每个人的收入是多少。但是，每个部门的老员工们的收入比他们的管理者还要高一点，这却是一个公开的秘密。同样，在每个部门里，那些得到马尔霍兰先生赏识的聪明的年轻人，经常在部门经理不知情的情况下，直接接受他的指挥，去完成某些特别任务并获取单独的、不向外透露的薪水。马尔霍兰先生经常把头衔作为一种奖励，颁发给那些有特别贡献的人，而不是作为一种职位和职衔的象征。结果，有25位副总裁要向那些本身没有副总裁职位和职衔的人汇报工作。并且，因为马尔霍兰先生自己决定一切，所以每个人都拥有直接向他汇报的责任，而并不仅仅限于部门的负责人。不管是名义上还是实质上，只对总裁负责但从来没有获得过任命的人员就有将近100人。

在马尔霍兰先生活着的时候，这种方式很管用。但是，马尔霍兰先生，这位无敌人寿保险公司的创建者和公司唯一有过的总裁与董事长，在他 77 岁生日和公司成立 50 周年的前几周突然去世了。

几天之后，公司董事会成员们开会，几乎没有一点分歧，全体一致同意詹姆斯·温特斯（James Wintress）继任新总裁。

除了温特斯先生本人，公司其他人对此并不十分惊奇。温特斯先生已经担任投资部门经理近 15 年了。他不是高级副总裁里最年长的人，而是最年轻的。但是，由于其他几人年纪都在 70 岁或以上，他成了团队里唯一可能的候选人。他是唯一真正掌握实权的部门经理，因为马尔霍兰先生自己缺乏财务管理经验，所以才将投资决定权交给了这位投资副总裁。温特斯也是公司管理层中有过其他公司管理经验的人。在加入无敌公司之前，他曾是一位高级证券分析师，也是一家大银行的信托主管。最终，温特斯先生是唯一一位所有董事会成员都了解的副总裁，因为马尔霍兰先生曾经把供董事会讨论决定的投资建议书留给了他。

温特斯本人却非常惊讶。他别无选择，只有接受。他知道，其他高级管理人员都不够年轻，不能担任总裁一职。因此，63 岁的他认为自己还很年轻。马尔霍兰的管理方式造成了每个职能部门之间的相互隔绝。除了投资，温特斯几乎不了解任何保险业务，尤其不懂得如何推销保险。对理赔、制作新保险单等更是一窍不通。实际上，温特斯曾经希望再工作两年之后就退休。那时，根据公司的政策，他有权得到薪水的 3/4 的退休金（公司没有强制性的退休年龄规定）。

温特斯自己已经完全准备好了回答董事会关于他如何履新的问题。他已经决定，从公司外面众多的"马尔霍兰式年轻人"中间引进新总裁，他们离开无敌公司以后发展得很好。实际上，他脑海里已经有几个人选了。

他提出这一建议（其实没有谁要求他这样做）的一个原因是，他意识到公司的组织混乱。他指出，在无敌公司成长并深受马尔霍兰熏陶的人，会理解和欣赏这个地方的精神以及这位老人的成就，会尊重并维持这两点，在重组公司的过程中不会残酷地或者粗心地伤害别人和公司的精神。他想，这样一个人，已经习惯了组织管理状况更好的公司，将会知道公司需要立即进行重组。最终，他指出，他脑海里的那个人应该在45岁或者50刚出头，足够年轻，精力充沛，能够完成公司面临的繁重的重组任务。

尽管温特斯已经年过六旬，相对来说也缺乏经验，但他还是决定出任总裁一职。准确地说，让他走出这一步的真正原因，是他对公司重组的关心和公司艰难而痛苦的用人决策。他指出，依靠公司已经拥有的高水平技术能力和在职能领域的出色表现，公司再过五年好日子是没有任何问题的。他不十分了解这些职能领域也并不十分重要。因此，他有五年的时间整肃公司的组织机构，要让公司有序经营，要留下一个可管理的公司给继任者。他决定并让董事会清楚地知道，五年是他可以服务的最长时间限度。

受命之后，温特斯开始思考如何精确地着手组织工作。他觉察到，他不能同其他董事一起讨论心中的疑虑，因为这会暗示着对已故的马尔霍兰的批评，也会暗含着对董事会的批评，因为是他们让他用自己的方式去管理公司的。他也强烈地感觉到，他不能同公司的任何一位管理者讨论事情，因为会流言四起，整个公司都会被弄得鸡犬不宁。因此，他决定寻求一位老朋友的建议。他的这位老朋友是40年前和他一起在证券公司工作的同事，现在已经是一家大型投资银行公司的高级合伙人。亚玛撒·格雷（Amasa Gray）先生声名显赫，他对组织问题的研究很有造诣，还亲自成功地重组了许多实业公司。他是一个谨慎、公正、可靠的人。

花了两三天时间听温特斯介绍情况之后，格雷将他的建议总结如下：

你非常清楚，你不可能在五年内完成组织工作。为了完成这项工作，你将不得不向人们的性格、传统和礼仪做出无数的妥协。同样，组织里没有什么工作比人们的理解和支持更好，同时你也无法快速改变老员工的习惯和态度。你也知道，这个时间用来修正标准也是不够的，比如开始在你的年轻员工中培养管理者，这是一件没有10年或者15年不会出成果的事情，而你最多只有五年。你很清楚，你需要的是真正的结果，而且是越快越好。五年里，你不仅仅需要一位继任者。你的高级管理人员大多比你年长，他们比你更早需要接班人，而你没有任何人可以接替他们，你甚至还不知道哪些人应该被替换掉、哪些岗位应该继续保留、候选人应该具备哪些素质。

你现在需要做的是，采用一种简单的方法，弄清楚你认为适合公司的组织、工作结构和人事安置原则究竟是什么。基于这些原则，任何妥协都是不允许的——如果必要的话，你必须冷酷地对待这些人。你也必须做大量的实质性重组工作，实质性废除一些岗位，实质性理清薪酬制度，实质性建立新的职能部门和组织机构。你要让公司的每一个人都清楚你追求的目标是什么，还要让他们知道你所做的一切都是为了公司的业务发展。首先，你必须找到这种方法。然后，你必须决定，你打算立即采取什么措施，为什么要这样做。在完成这些工作之后，你必须和你的董事会成员以及高级管理人员一起讨论你的工作计划。然后，你就可以或许也应该寻求公司外部的帮助。

在你没有把这些事情都想清楚之前，任何高谈阔论、寻求外部帮助的做法都是有害无益的。动脑筋的事情只有你自己可以完成。给你自己三个月的时间去思考，把方法和基本原则都想清楚，到那个时候，你就该忘记所有的传统、惯例、人员和策略了。等你找到了工作方法和上述原则后，我会很高兴和你再次坐在一起；但到那时，我可能就帮不上多少忙了。

温特斯先生听完这些，并不是非常高兴。他希望听到的是如何做工作，而非工作的内容是什么。然而，他非常坦诚地承认，格雷是对的，这是总裁的工作，并且是一份无法推卸或者无法委托他人代劳的工作。尽管这样，他仍然怀有疑虑。一方面，他感觉从格雷的思想看，他没有足够的抱负和雄心，五年之内只找到一种工作方法，那是远远不够的。另一方面，他也感觉格雷太苛刻，他在心里称之为"没有人性"，因为格雷认为"任何妥协都是不允许的，如果必要的话，你必须冷酷地对待这些人"。然而，整体而言，格雷的主张给他留下了非常深刻的印象。因此，疑惑了几天之后，他静下心来思考无敌人寿保险公司重组的正确之路是什么。

问题

温特斯应该从哪里开始着手？哪些做法是完全错误并根本不会起作用的？哪些做法是完全正确而且切中问题要害的？

CASE 42 | 案例 42

一次失败的收购

通常，收购成功与否的评判标准是看收购方对收购做出的贡献（收购方的成本），而不是看收购行为对收购方做出的贡献（收购方的收益）。一般，只有当收购方事先通盘考虑了其公司能够为被收购公司做出多大的贡献，并制订出周密的计划，收购才可能会获得成功。

这种贡献是金钱以外的东西——仅仅有金钱是永远不够的。收购方对被收购方的贡献（投入）可以是技术上的，也可以是产品上的，甚至还可以是分销渠道上的。但是，它必须是一种能给被收购公司带来新的绩效潜力的东西。在收购行为正式开始之前，必须慎重思考和估算这种贡献。而且，它还必须尽快成为事实。

举三个实际的例子。这三个例子似乎都是基于收购方可以为被收购方做些什么。20世纪最后10年，大型银行收购案之一是发生在1998年的花旗银行（Citibank）被旅行家集团（Travelers）收购的事件。旅行家集团支付了 700 亿美元购买花旗银行的股票。

这次收购是成功的，因为收购方旅行家集团在收购之前，周密思考并策划了它能够为花旗银行做的一切——花旗银行被收购后是会有不同表现的。

花旗银行是世界上唯一专业的商业银行，已经成为真正的跨国公司。在世界上的每个国家，它都获得了成功，同时还建立起了一套跨国管理机制。但是，在产品和服务方面，花旗银行在本质上仍然是一家传统银行，它的分销和管理能力方式远远超越了商业银行能够生产和提供的产品和服务的范围，而旅行家集团正好拥有很多优良的产品和服务。

旅行家集团认为，它能够为花旗银行做的贡献就是，大大提高其全球分销系统和管理团队的业务量，而不需要额外增加成本或者只增加一点点成本。

第二个案例是日本的零售业巨头伊藤洋华堂。在不到 50 年的时间内，该公司一切从零开始，它的发展几乎全靠收购。每次收购都是基于收购方伊藤洋华堂能够对被收购的企业做些什么贡献的评估。伊藤洋华堂系统、全面地收购了成功的美国企业在日本的特许经营店。

伊藤洋华堂收购这些特许经营店的前提条件是，它判定它能够为这些被收购的特许经营店做出重大的贡献，使它们在日本的业务比它们在美国本土的业务更大、更好。在大部分的收购业务中，伊藤洋华堂实际上都做到了这一点。

第三个案例是美国汽车公司克莱斯勒（Chrysler）被德国戴姆勒—奔驰公司（Daimler-Benz）收购。不管当时新闻界如何宣称这是两家公司之间的"平等合并"，这就是一起"收购"事件。

克莱斯勒拥有产品，但是没有市场。它的市场完全在美国。但是，克莱斯勒拥有的顶级设计和生产能力在美国却没有足够的市场空间。显然这家公司要想在汽车市场上幸存下来，就必须寻找全球市场。

戴姆勒—奔驰公司认为，它可以在全世界唯一的增长市场——亚洲（特别是南亚）和拉丁美洲为克莱斯勒公司提供顶级的销售能力。

在大多数成功的收购案中，收购公司的贡献实际上改变了被收购公司。收购公司将那些过去使被收购公司成功的因素转化为使之将来成功的条件。被收购公司变成了一个全然不同的企业。这个目标听起来似乎相当疯狂。然而，在现实商业世界里，它发生的频率有多大呢？

结果，前两个案例里的收购获得了成功。第三个案例如何呢？第三个收购案并没有产生戴姆勒所期待的收益，于是，2007年，克莱斯勒被卖给了美国一家大型私人股份公司。

问题

在第三个案例中，什么地方出了问题？"收购方（戴姆勒）事先思考它能够为被收购方（克莱斯勒）做些什么贡献"这条原则错了吗？或者，是否有别的原因可以解释为什么另外两个案例成功了，而这个案例却失败了呢？

案例 43 | CASE 43

商业银行的组织结构

商业银行（Banco Mercantil）㊀是拉丁美洲一个大国的银行业巨头。它的分支机构几乎遍布各个邻国的首都；在大多数地方小镇和城市里，位于主要广场的商业银行分部办公楼都是最耀眼的建筑。

直到 20 世纪 60 年代晚期，商业银行在首都以外的数百家分部都主要是提供存款服务，几乎不开展借贷业务。90% 的借贷业务都只在首都城市进行。实际上，所有公司业务也就是针对大公司的对公业务都在首都。同时，所有的国际业务也都在首都，银行主要是从纽约、伦敦和苏黎世等主要的国际金融中心筹措资金，然后贷给公司客户。投资业务也在首都，其中包括一项迅速发展的业务，那就是管理国内大型公司的退休金存款。只有抵押贷款部在各省份做了大量的业务，抵押贷款部合法地设置在一家独立银行中，但作为商业银行的一个事业部来经营。抵押

㊀ Banco Mercantil，西班牙语，意为商业银行。——译者注

贷款部的业务量大概只有总业务量的20%，因为主要的人口增长都集中在首都。

随着时间的推移，事情开始发生显著的变化。首都城市不断扩大，但是自从城市变得拥挤不堪之后，越来越多的业务增长发生在了以前被认为缺乏活力的地方小镇里。抵押贷款部最先感觉到了这一点。比起首都城区，首都以外的地方发展得更快。那时，为了更接近当地的劳动力资源和市场，公司开始在地区城市或者其郊区建立工厂。最终，在20世纪70年代中期，主要地区城市的商业借贷开始迅速增长，因为中小企业、卡车公司、购物中心等为了服务这些人口不断膨胀的地方小镇而纷至沓来，这使得其中许多小镇迅速发展成为具有相当规模的城市。

商业银行公司的组织状况如实反映了国家的传统经济结构。公司拥有一个由银行总裁和首席执行官亲自领导的部门——大首都事业部。首都以外的数百家分部通过地区总部向负责管辖"内政部"（Zona Interior）的执行副总裁汇报。执行副总裁再依次向总裁汇报。因此，最初在大首都事业部内形成了一个公司业务部，然后它又发展成了一个独立的部门。这个部门由一位执行副总裁领导，他也向总裁汇报。国际业务部、抵押贷款部和信托部（负责投资管理，特别是养老金管理）也逐渐发展成了独立的事业部，其总部都设在首都城市的总部办公楼里，由执行副总裁领导并向总裁汇报。最初，这种架构很管用。但是，随着地方城市的发展，这种结构显然已经不再适合商业银行了。

1984年，一位新总裁接管了公司。他制订了一项崭新的经营计划，一项从来没有过的计划。几乎没有任何人感到惊讶的是，这项计划显示，除了国际业务部，未来的业务增长大多数都是在首都城市以外。在20世纪快要结束的时候，这项计划预言，首都事业部所占的银行贷款份额将会从1984年的65%下降到30%（或者更低），而公司各分部贷款份额将会增长至整个贷款的30%，其中，整整1/3将来自总部不在首都的大客户。"内政部"各分支机构将会拥有40%的贷款和大大超过50%的存款。大多数新业务将会以七个大的地方城市为中心，每一个城市的人口都为200万或者更多。

  银行该如何调整组织结构以适应市场的变化呢？新总裁指定成立了一个组织工作小组，自己亲自担任主席。经过一年的研究之后，他们制订了一份分权管理方案。根据该方案，公司要成立八家地区性"银行"。其中，最大的一家是位于首都城市的商业银行，也就是现在已有的首都事业部。像以前一样，它将由银行的总裁领导。另外的七家地区性银行自负盈亏，每一家都位于地方的中心城市之中，这些中心城市被认为是全国"重点城市"，并且各由一位地方性"总裁"领导，这位总裁也必须是银行的执行副总裁，并且全权管理这个地区的所有分部；除此之外，他也是所在省会城市总部的首脑。这七位总裁轮流向首都城市的高级执行副总裁汇报，而高级执行副总裁则向银行总裁汇报。该方案还建议，总部位于首都城市的公司业务部、信托业务部、国际业务部和抵押贷款部都设置一位副总裁，他们负责向总裁汇报。方案提出，银行运营部要设置一位执行副总裁，也是在首都，也向总裁汇报；要成立一个由14人组成的执行委员会，这14人包括总裁，分管区域业务的高级执行副总裁，分管公司业务部、信托业务部、国际业务部和抵押贷款部的副总裁，运营部副总裁和银行的律师。还有一小群参谋助理人员为该委员会出谋划策，其中包括一位经济学家、一个业务开发团队、一个计划小组和一个人事顾问。

当这个方案摆在银行高级管理层面前的时候，遭到了来自各个地区的强烈抗议。他们首先指出，方案违背了真正分权管理的原则，地区执行副总裁将承担完全的经营责任。但是，对于快速增长的公司业务、信托业务和抵押贷款业务等，他们却不承担直接责任，这些业务将由总部事业部来负责。运营部也一样，银行70%的成本是人力。他们进一步抗议，他们的从属地位和组织架构与银行的战略背道而驰。"我们希望银行向首都之外的区域发展更多，然而，这些区域仍然像在老的'内政部'管辖下一样，要向首都的执行副总裁汇报，而不是直接向首席执行官汇报。"地区的人如是说。最后，他们强烈地反对永久保留"由总裁负责首都事业部"这一传统。"这意味着，"他们说，"总裁将没有时间留给我们，不会关注我们。当外面出现发展机会和我们提出需要时，总裁会不可避免地把资源及优秀的人才都划拨给首都城市。"

总裁不能否认，这样的批评是有道理的。因此，他让他们在几个星期之内提出一个对策。在他们向总裁提供的新方案中，总裁除了下列职责外，没有其他任何职能：担当银行的首席新闻发言人，出任银行与政府、国际金融组织（如世界银行）和工会的首席联络官。此外，在与大公司客户的最高管理层打交道时，总裁还是救火员和纷争调解员。但是，所有的实质性运作工作都是区域银行首脑的事，由一人管理首都城市总部，七家地区性分部也各设一人。他们同国际业务部主管一起，在总裁的领导下，组成执行委员会，由总裁担任主席。委员会至少每周召开一整个上午的会议（最好不要总是在首都开会，一年至少两次在各大区召开会议），制定所有决策。国际业务部仍然是一个运营事业部。公司业务部将会变成一个混合体，一方面要处理同大公司客户的关系，另一方面要就公司业务发展向地区银行提供建议。运营部和抵押贷款部将会演变成人事部门，职能仅限于制定政策、审计和培训，而由每个区域自行负责运营和抵押业务。来自各地区的人认为，信托部或许应该自始至终保持集权化。因为各个区域都没有很多信托业务，无论如何，养老基金客户（信托部的主要客户）更愿意选择同一群专业的投资管理者、经济学家和精算师打交道。

总裁对这份提议感到极为震惊，因为正如提议中指出的那样，这意味着有将近20个人要向他汇报，因为还有法律顾问、经济学家、业务开发团队、计划小组，更不用说人事和公共关系主管了。他强烈地感觉到，根据这个方案，决策自主权将会完全被分散，甚至微不足道的事情也会上升为"政治"事件，由充满"政治色彩"和相互吹捧的执行委员会来裁定，而在那里，总裁的投票总是多余的。公司业务部、信托业务部和抵押贷款部的角色和职能模棱两可——身兼运营部和人事管理的双重职能，这让他头疼不已。他强烈地感觉到，运营应该实行集中管理。最重要的是，他感觉到自己什么也做不了，并且在很大程度上成了一个挂名首脑。

在一家大型美国咨询公司的帮助下，他花费了两年时间找到一个折中解决办法。原来的八个区域改为五个区域，即一个首都城市区和五个首都以外的地区。每一个区域由一位执行副总裁领导，该执行副总裁也是执行委员会的成员之一，并向总裁汇报。总裁不再领导首都事业部，但他是全职首席执行官，拥有最终决定权。国际业务部、抵押贷款部和信托部实际上是在运作"银行"。其实每一个事业部都被叫作"区域银行",由一位执行副总裁领导,这位执行副总裁也是执行委员会的成员之一,并向总裁汇报。公司业务部由一位执行副总裁领导,并向总裁汇报,并且负责领导执行委员会。公司业务部是一个混合部门——它的80%是"银行",直接打理公司客户的业务;20%是"顾问"、计划者和政策制定者,更重要的还是培训者,负责首都城市以外的区域性银行的公司业务。运营部的地位名义上得到了提高,它的执行副总裁(也向总裁汇报,也是执行委员会的成员之一)既"对总裁负责开发、启动、操作高效的运营系统,培训和监督整个系统内部的运营人员,"也"对区域性银行提供建议和咨询服务,帮助他们高效地运作银行、有效地培训和监督运营人员"。其他所有职能,包括经济、计划、预算、业务开发、人事、公共关系以及咨询师最新建议的营销职能等,都被赋予了新设立的高级行政副总裁职位——这位高级行政副总裁要参加执行委员会的会议但不是该委员会的成员,他该向谁汇报工作也没有人弄得十分清楚。当然,律师仍然是执行委员会的一员。

问题

1. 三种可供选择的组织结构,每种是如何符合分权的要求的?它们中的哪一种最接近"联邦政府的分权"?它有效吗?哪一种是"模拟分权"?哪一种可能完全不是"分权",而是一种被一层薄面纱掩盖起来的功能性组织呢?

2. 分权意味着"在中央控制的情况下实行分散操作"。总裁的方案强调控制,地方主管的方案强调分权。总裁的方案强调控制的跨度——仅仅只有七个人向总裁汇报,地方主管的方案意味着20个人向总裁汇报——明显超出一个人可以管控的范围。但是，伴随着区域性中心城市业务的迅速发展，第二个方案更接近商业原理和已经制定的战略。最后制定的方案是如何解决"分权与集权""组织的逻辑原理与战略的动态调整"之间的矛盾冲突的？

3. 行政副总裁这个新职位意味着什么？他领导的那些部门都属于组织的基石吗？对那些向他汇报工作的高级专家型职业人员，他实际可以为他们做些什么？若将这些职能拆分开，由执行委员会去履行，相比原来的提案，效果会更好吗？

CASE 44 | 案例 44

环球电气公司

在拉丁美洲，环球电气公司（Universal Electronics Company）已经活跃很多年了。事实上，它在拉丁美洲比在美国要做得更好。在美国的电气行业里，虽然它的排名从来不曾超过第六位或者第七位，但在拉丁美洲的大多数重要市场上，它很早就是主要的制造商。位于拉丁美洲国家的所有子公司都由环球公司自己的管理者负责管理，但是，其他公司则是像当地公司一样运作和管理，雇用本地人，生产和分销它们自己的本地化品牌商品。1970年，尽管公司在拉丁美洲的投资不超过总投资规模的8%，拉丁美洲业务却占公司总收入的20%左右。在廉价收音机、收音机电子管以及传输和电话设备领域，拉丁美洲企业比美国母公司本身的发展速度更快。

然而，除了在拉丁美洲，环球公司没有任何国际贸易经验。直到与意大利被许可经营方的一次意外争论，才使公司与年轻的意大利律师费德里戈·曼佐尼（Federigo Manzoni）博士结缘。1970年，曼佐尼建议，解决许可经营争议的最好方式就是收购被授予许可经营权的这家意大利公司，该公司是一家中等规模企业，拥有良好的声誉和精良的技术设施，但急需资金。环球电气公司目前的欧洲业务由此诞生。它的五家大型的子公司，都是全资子公司或者控股公司，在欧洲共同市场振兴以前，所有子公司的发展速度和盈利水平都超过了美国的母公司，而购买或者扩张这些子公司仅花费了很少的资金。曼佐尼自己成了发展最快、最赚钱的意大利公司的总裁。凭借他的刻苦努力、对欧洲市场潜力的预测以及优秀的谈判能力，环球电气公司实现了在欧洲的发展，并成为众所周知的"成长股票"。

1974年，环球电气公司从欧洲收取的许可经营费，刚好够支付它的欧洲专利费和许可证费用。而到了1987年，环球电气公司45%的收入都来自欧洲。在环球电气公司的10年计划里，这个数据有望到1995年时达到55%，8年的时间内绝对数量翻了一番。

欧洲业务是公司总裁朱利安·德罗奇（Julian DeRoche）亲手带大的"孩子"。他亲自参与欧洲每一次大型采购谈判，并通过他的董事会成员来推动交易的进程。他的主要助手是曼佐尼。他负责必要时对被收购的公司进行重组，找出其中一流的人才，并委托他们进行管理，其中最困难的工作就是把公司的技术人员和研究人员与母公司的那些相关人才整合在一起。除了已经变得十分紧密的技术合作和全面的财务及高层管理人事控制之外，子公司在很大程度上都处于它们自己人员的管理之下，实行自我管理，依据习惯和每个国家的法律建构组织。

然而，有两个欧洲人——曼佐尼博士和德国附属企业的总裁是环球电气公司在美国的董事会成员。

欧洲市场的收购项目和与美国签订太空合同，促使环球电气公司这些年来在员工队伍建设和销售业绩方面获得了长足发展。一家在1970年销售额仅有2亿美元的公司，在10年之后销售额竟然接近10亿美元。它曾经只有不到2万名员工，但到1987年，员工总数已经超过了10万人，遍布五大洲（欧洲附属企业自身也有分公司、子公司或者海外附属公司）。

同时，德罗奇已不再年轻。1986年，出于退休考虑和公司基层重组的需要，德罗奇让他的高级人事副总裁设计一个适应国际化公司需要的组织结构。从传统上看，环球电气公司是一家按照职能制组织起来的制造公司，分设研究、工程、制造、市场和财务等部门的副总裁。举例来说，国防产品生产部的执行副总裁的工作要跨越所有构想出来的组织界线。拉丁美洲公司采用了国际事业部制组织架构，不但要监管制造子公司和出口销售业务，而且还要花费大量的时间（至少在局外人看来是这样）进行神秘的、没有人懂得的外汇交易。在国内，成立了环球电气分销公司，负责销售产品和为环球电气公司的顾客服务。但是，尽管做了所有这些变革，环球电气公司基本的组织概念仍然是一家相当小规模的制造公司的基本职能化结构。

人事副总裁1980年进入环球电气公司以前，在一家大型制造公司接受过有关组织计划的全面培训。他同大量公司员工进行了交流，还巡回视察了其他主要的"国际公司"。1987年年初，他完成了组织规划，将公司划分为四个事业部：国防和太空电子事业部、消费产品事业部、工业产品事业部和国际事业部。环球公司在美国和加拿大以外的所有业务都被整合到国际事业部中。至于总裁的幕僚和事业部制结构之外的其他人员，规划提供了典型的"参谋服务"，内容涉及研究、采购、人事等职位。

在人事副总裁的心目中，国际事业部总裁的最佳候选人是极其令他景仰的曼佐尼博士。但是，在一次谈论欧洲统一进程时，曼佐尼指出，让一个欧洲国家的公民去管理另一个欧洲国家的公民还是有难度的。而且更直接的问题是，一个意大利人能否轻易地领导一家在德国、法国、荷兰、英国或者其他欧洲国家都有分支机构的公司，曼佐尼对此直言不讳地说，这也许是可能的，但他并不想成为被迫这样做的可怜虫。因此，人事副总裁极不情愿地决定了另外一名候选人——阿克塞尔·索伦森（Axel Sorensen）。他是出生于丹麦并接受丹麦教育的美国公民，是巴西公司的总裁。在公司在欧洲扩张业务以前，巴西公司是环球电气公司最大的子公司。在前往哥伦比亚担当首席工程师以前，索伦森在这家美国公司中得到了迅速提升。他从哥伦比亚辗转去了巴西，起初担任当地的首席工程师，后来成为当地一名成功且受人欢迎的总裁。然而，为了锻炼索伦森，也为了减少他的旅行时间，曼佐尼被提名担任副总裁和国际事业部欧洲人力资源主管。

当人事副总裁向总裁汇报他的设想时，德罗奇的印象极其深刻。这正是他梦寐以求的事情。"为了安全起见，我们先征求曼佐尼的意见，"他说，"他比我们更了解欧洲人。在同我们的高层人员讨论任命之前，我们应该先同他谈谈。"

于是，人事副总裁专门飞到罗马，告知曼佐尼他的想法。一向性情温和、和蔼可亲、彬彬有礼的曼佐尼看了一眼他的组织架构图后，勃然大怒，这倒让他大吃一惊。"这不仅是侮辱，而且是愚蠢！我了解你们这些人。如果你执意继续这样做的话，我会坚决阻止你们摧毁欧洲公司的企图。而且，我只当意大利公司的总裁。世界上没有什么能让我去担任'副职'的工作，这只会让你们已经愚不可及的想法更加愚蠢。请相信我，如果在这两个国家管理你们的两家公司的德国人和法国人听到了风声，知道了你这个轻率的计划的内容，他们就会在一周之内离去。他们不会再为环球电气公司工作。今天的欧洲有大量的工作机会提供给一流的人才，而不会像这样对待他们，他们仿佛是在管理一个军需品仓库，而不是在自己的国家管理一家大型的电气公司，而且这家公司和环球电气公司在美国的任何一家企业对公司收入的贡献一样大。"

曼佐尼的脾气如此之大，以致人事副总裁认为最好不要去深究曼佐尼到底反对什么了，尽管他完全一头雾水。

问题

是什么让曼佐尼感觉人事副总裁的想法错了？人事副总裁架构组织结构的方法和美国许多公司设计"国际"业务的组织结构的方法相比，并没有太大的差别。但是，他的想法与你或者曼佐尼所认为的真正"国际公司"的正确组织结构相比，有哪些差异？（提示：它符合经济现实和公司的预期吗？）

案例 45 | CASE 45

制药行业的研究协调

全美和全世界最大的制药公司之一在美国、英国、爱尔兰、法国和日本这五个国家设立了大型的研究实验室。美国的实验室要追溯到 20 世纪 20 年代。英国的实验室则产生自第二次世界大战，当时公司独家批量生产青霉素。那时，关于抗生素的基础理论研究仍然主要集中在英国，因此，有必要在此投入大量科技研发能力。公司决定借助极为有利的爱尔兰税收法律，新建一家大型工厂，爱尔兰实验室也随之诞生。这家工厂主要负责为欧洲市场生产中间产品。由于这家工厂所采用的大部分技术都是最新的，所以不但需要一大批工厂工程师，还需要一大批技术性的工厂化学家和科学性的工厂化学家。爱尔兰政府向公司提出了一项合理的建议，希望它能建立一个大规模的研究实验室，在爱尔兰境内对本国的科学家进行良好的培训，而不是让他们移民到英国、美国和加拿大。公司欣然接受了这项建议。而法国由于其兽医专业历史悠久，被选中建立了兽医产品实验室，法国政府和法国大学都很乐意与公司在此方面通力合作。而且，公司招募进来从事此项工作的法国科学家对前往美国的邀请相当冷漠，也肯定会对去英国中部工作、放弃卢瓦尔的宜人气候和美丽风景去享受曼彻斯特的大雾冷若冰霜。日本最初是采用合资企业的方式。但是，由于这家日本公司发展得太快、太成功，日本人已经无力再为它提供资金支持，美国公司于1988年买下了日本合作方的全部股份，同时也接管了日本人全资拥有的一家大型而兴旺的实验室。最初，公司里只有一个人的英语水平可以应付参加公司一年一度的全球研究会议。但是，这并没有妨碍日本人在热带药品研究方面做出一流的成绩，在这个领域，公司没有哪一个实验室比日本实验室更有能力或实力。

以上五家实验室却抱怨彼此之间没有任何协调机制，经常出现研究成果重复的现象。更糟糕的是，重要而有发展空间的工作却从来没有人做，因为每个实验室都以为其他实验室正在研究。并且，五家实验室中没有一家真正清楚如何向其他四家实验室寻求帮助、得到建议或者讨论大家普遍感兴趣的问题。

以上就是一家大型全球化公司的研发副总裁上任之后面临的问题。更确切地说，这位研发副总裁是出生于荷兰、接受美国教育的罗德尼·范德尔登（Rodney VanDelden）博士。他一直担任英国实验室的首席生物化学家，直到1988年前后去美国帮助美国小组修补完成中枢神经系统药物方面的研究工作。他是真正的"第一位"公司研发总裁。他的前任仍然在美国担任研发董事，并且位列五位董事之首，公司唯一期待他做的工作就是"协调"。公司希望范德尔登从事"管理"工作，并且控制所有研究实验室的经费预算，这是他的新职权的一个明显标志。以前，每个国家的子公司都是自己制定和管理研究经费预算的。

问题

范德尔登有哪些选择方案？他会遇到什么麻烦？他可以采用哪些协调和组织方式？在公司跨国、多语种、多学科、多元文化的背景下，他该如何检测每一种方式的适宜性？

CASE 46 ｜ 案例 46

暴虐专横的后果

费迪南德·布洛克（Ferdinand Bullock）独自一人管理拉苏姆夫斯基（Rasumofsky）公司已经有很多年了。这是一家拥有 59 个杀虫剂和工业化学品品牌的生产商。公司最初 17 年的稳定增长在很大程度都归功于他。事实上，除了头衔，布洛克已经是实际上的老板，甚至在 1979 年被任命为执行副总裁以前就是这样。从那以后，他就掌控了公司的一切事务，并负责制定每一项重要决策。

总裁自己只负责处理少数几个老顾客的事务。早在半个世纪前，这些包揽公司绝大部分销量的老顾客就用他们的忠诚和财力间接地支持公司，帮助公司度过了美国经济大萧条时期。然而，现在这些顾客只占公司 10% 或者更少的业务量，这是布洛克成为公司的主导力量后不断扩张的结果。换句话说，除了头衔，总裁并不比助理销售经理更重要。

公司其他管理者都是布洛克办公室的跟班，他一直都这样对待他们。唯一显得与众不同的人是公司的助理审计员斯坦利·格林柏克（Stanley Greenback），他从公司的公共会计师事务所进入公司已经四年了，主要负责处理税收问题。但是，他仍然太年轻，除了审计和税务外没有其他任何经验。

公司董事会主席是拉苏姆夫斯基家族的最后一位代表，该家族创立了这家公司并持有公司所有原始股份。很长一段时期以来，他一方面非常担心公司的这种形势，另一方面又不断安慰自己有的是时间。布洛克还年轻，不到55岁，至少还有10年的时间。毫无疑问，公司在他的领导下成功地发展壮大了。同样，主席私下并没有一点想和布洛克争权的欲望，他甚至担心如果发生这样的事情，其他大股东，包括拉苏姆夫斯基的遗孀、侄女和孙女在内，都会站在布洛克一边反对他。顺带说一下，公司绝大多数股份都由外部小股东持有。当1928年公司股票公开发行时，股份已经十分分散，并且由布洛克控制了代理投票权。

1993年年初，布洛克突然死于心脏病。从理论上讲，这对公司没有什么影响；事实上，没有了他，由各职能部门的副总裁直接向总裁汇报，组织架构图看起来更加漂亮。但实际上，他的去世使公司失去了主心骨。

同时，布洛克的去世引发了一场情绪风暴，这是长期被他的铁腕统治压抑的情绪总爆发的结果。很明显，甚至连不太敏锐的总裁和主席也都看到：布洛克实施高压统治，在他面前人们总是充满恐惧和胆怯；他已经彻底驱散或者摧毁了有独立性和灵魂的人，并代之以只会说"是"的奴才；即使是他自己那些坐在副总裁位置上的傀儡，也不会接受另外一个"一人专政"。这也同时表明，副总裁中没有哪一个人能够独立自主，自行决策；他们依赖于这个"独裁者"的时间太长了。

问题

你认为公司可以做什么？你能够总结一些关于管理理论与管理实践的结论吗？

案例 47 | CASE 47

公司规模大有什么好处

米勒工具公司（Miller Tool Company）成立于19世纪90年代。当一位新总裁在1980年接管公司时，公司已经平淡无奇地发展了90多年。在经济大萧条时代，公司几乎走在破产的边缘。但是，在第二次世界大战期间，公司却成为金属机械设计与制造领域的行业先锋。然而，新总裁麦克费特里奇（McFettridge）十分强烈地感觉到，如果公司想要继续发展下去，必须采取两项措施。第一，将传统机械工具的范围延伸至新电子工具，因为麦克费特里奇认为，传统机械制造领域将会向自动操作领域发展。可是，公司完全没有电子等领域的从业经验。第二，麦克费特里奇主张，公司必须减轻对重工业的唯一依赖，要冒险进入实业，因为实业会较少地受到经济波动的影响。

20世纪20年代，公司获准在纽约股票交易所挂牌上市。麦克费特里奇利用米勒工具公司的上市股份，同小公司所有者手中的未上市股份进行置换，因为它们具有显著的税收优势和更强的资产折现能力。通过这种方式，公司吸纳了大量的现金，麦克费特里奇的名气迅速在新的商业领域人尽皆知，他也因此开始系统地收购新企业。

麦克费特里奇最初掌管五家电子公司，每家的规模都很小，但是都高度专业化。为了使公司的经济风险"多样化"，他后来又开办了六家公司，涉及多种服务行业，包括货车公司、物业管理公司、建筑公司（专门建造学校、公路和其他公众设施）、小型干洗连锁商店等。他还收购了七家不太容易归类的小公司。对他而言，这些都是成长性很好的企业，而且价格很合理。其中，最大的一家就是东南部很有名气的面包烘焙店，麦克费特里奇认为东南部是一个新的增长点。

1989年，麦克费特里奇突然去世。此时，他所建立的这家公司已经因其声势浩大的发展势头而小有名气，并且一些较喜好风险的风险投资基金和养老基金都十分乐意为其投资。因为他的英年早逝，之前还不曾考虑过他的继任者问题，并且公司也没有任何一个人适合接替他的领导工作。

董事们聘请了一位经验丰富的执行官，亨利·奥吉尔（Henry Augener）。几年以前，他辞去了一家大型器械公司的副总裁职位，与他人合伙成立了一家管理咨询公司。接任总裁职位的奥吉尔，带来了一位财务背景深厚的年轻人，他就是尤金·德·威特（Eugene De Witt）。

两人花了几个月的时间对公司进行调研。结果，他们的发现令他们深感震惊。在接手总裁工作以前，奥吉尔的几位朋友就曾警告他说，这项工作十分棘手，事情绝不像他们所看到的财务分析师的报告那样令人愉快。但是，客观事实比所有局外人预期的都还要糟糕。

首先，坦率地说，所有的收购业务没有哪一笔能经营得下去。但是，拥有 7000 万美元销售额的老米勒工具公司却付出了整个公司大约 1/4 的销售额和绝大部分的利润。后来增办的企业中最大的一家（面包烘焙店）也仅仅拥有 1500 万美元的销售额，而最小的企业的销售额几乎还不到 200 万美元。换句话说，米勒工具公司是由大量的小企业组成的。

其次，这些小企业彼此间没有任何关联，而是完全保持独立，很难对它们进行整合。这些电子企业中没有任何一家对公司的机器工具业务有过丝毫贡献。相反，它们每一家都建立了自己独立的生产线。其中一家还专门为武装部队从事研究工作；另外一家生产电视机的主要元器件，并不得不同产量逾百万的、高效率的大型制造商们竞争。八年前麦克费特里奇预言的那场机器工具技术变革缓慢来临了，但是米勒工具公司仍然沿用第二次世界大战时期的许多工具。这些都清楚地表明，商业周期的任何变化都将会加速米勒工具公司即将过时的产品线被彻底淘汰的步伐。此外，米勒工具公司的许多优秀人才已经跳槽到了急需一流工程师和设计师的新公司，因此，米勒工具公司的设计部门缺少人才和新创意。

服务企业的情况也十分类似。

经过六个月艰苦的调查后，奥吉尔和德·威特仍然并不十分清楚公司名下那些鱼龙混杂的企业，甚至连它们在哪里都不知道。但他们十分肯定的是，公司的状况不容乐观，很难说什么可以做、什么应当做。

举例来说，他们已经很清楚，公司应该甩掉一些企业。但是，哪些企业应该被淘汰呢？发展潜力最小的企业却是对总公司的现金流贡献最大的，而公司正好极度缺乏现金。然而，长期来看发展潜力最大的企业也是最需要资金支持的，事实上，它们需要的资金甚至比公司总产出或者公司能够获得的总资金还要多。尤其是，这些企业或者面临巨大风险，或者极其需要处于技术领先水平。

最紧迫的问题却在高级管理层。奥吉尔和德·威特都很清楚，公司需要高层管理人员——过去由麦克费特里奇一人担当。他曾引进大量"聪明的年轻人"，并把他们当作信使，他和这些"聪明的年轻人"挤在一起，但仍由他自己做出所有的决策。奥吉尔和德·威特意识到，必须建立最高管理团队。

企业的管理是相当重要的。麦克费特里奇也曾利用一些合理的条款顺利收购了一些企业，因为他为那些到了退休年龄的年迈管理者找到了一条出路。通常，这些人往往采用宽松放任的管理方式，他们一旦退休，就根本无人管理了。于是，麦克费特里奇"取代"了他们，亲自掌管这些各不相同的企业。

奥吉尔和德·威特清楚地认识到，必须建立对企业绩效负责任的管理制度。但是，第一，在目前的状况下，这些是什么样的企业？第二，管理人员从哪里来？他们明白，优秀的职业经理人是不会对接管那些小企业感兴趣的。此外，创业者则更愿意选择自己办企业，并发展成为私人股份公司。

于是，围绕公司的高级管理人员及其职能、结构和责任这些问题，他们思考再三。

两人花费了数月的时间进行讨论和分析，关于从哪里开始着手和如何开始都没有取得丝毫进展，也没有做出任何决定。一天，德·威特说："你瞧，我们从来没有拜访过任何一家企业，也没有同企业的任何一个人交谈过。我们必须找到通用的方法。我们必须从我们可以证明、可以确信的几件小事情开始做起。"

"我们知道，这是一家销售额为3亿美元左右的公司，在许多竞争激烈的领域，它都拥有大量的高科技企业。因此，我们也清楚，它必须拥有一套大公司的管理模式，有正式的组织结构、待遇优厚的专家团队，等等。我们知道，大公司的管理模式必须为公司做出点贡献，以证明其高昂的成本支出是合理的、值得的。我们更明白，所有的事情都仅仅是猜测。所以，让我们开始面对现实：这是一家需要大公司的管理制度的大型公司。公司庞大的规模以及与其相适应的管理方式能为公司带来什么呢？所有这些开销的正当理由是什么？在我们旗下的那些公司中，哪些能够实际地或潜在地证明大企业管理模式的合理性？在我看来，这似乎是我们要回答的第一个问题。现在不适应并且将来也不适应大型企业管理模式的那些企业，显然是不适合我们的。不管它们能带来多少现金收益，也无论它们拥有多好的发展机会，我们都应该甩掉它们，因为它们从来没有意识到在大公司管理体制之下的发展机会。至于其余的企业，我们将会找到恰当的管理方式。"

奥吉尔思索了一阵，回答道："嗯，你知道，这听起来是可行的，但还有两件事情一直困扰着我，我不明白。第一，我并不十分确信，是否有什么业务范围是属于'小企业'的或者'大企业'的。我一直认为，你应该开发适应你所面临的企业规模的管理模式，而你这里谈论的都是适合小企业管理模式或者适合大企业管理模式的企业。"

他接着说："第二，我不太明白你采用这种方法的含义，只有掌握了某些有效的管理理念和管理方法，也就是适合大企业管理的理念和方法，不论行业或者业务范围，管理者都应该具有管理能力。难道一位管理者能够组织和管理的企业的数量或者多元化的程度是没有限制的吗？"

问题

你怎么看待这两个问题？你准备如何回答？

10

第十篇
对个人的新要求

MANAGEMENT CASES

案例48 | CASE 48

首席执行官的职能

虽然公司规定的退休年龄是65岁,但是,约翰·尼兰德(John Neyland)总裁决定在62岁时就退休。60岁时他就做了这个决定。他已经担任公司的首席执行官长达21年之久了。在他的任期里,公司不断成长壮大并取得了成功。他虽然喜欢自己的工作,但是,近来他愈发感觉到较以往更容易疲劳。尼兰德还是一位献身教会的牧师,他认为应该为自己的教堂,尤其是教堂的附属学院做出更多的贡献。在过去五年里,他已经在自己所属教堂的高等教育顾问委员会任职。他十分热爱这份工作,并认为他还没有充分做好自己应该做的一切,尤其是像眼下这个时候,学院严重短缺资金、设施和教职员工,还面对着严峻的教育政策方面的问题。

真正让约翰·尼兰德坚定提早退休决心的,是他坚信会有一位一流的继任者。当尼兰德刚到公司时,比尔·斯特朗(Bill Strong)还是一位刚刚毕业的年轻会计师。然而，他现在已经是公认的非常能干的人了。在信贷危机（Savings and Loan Crisis）期间，当尼兰德需要一位年轻的分析师帮助他处理复杂的税务谈判问题时，斯特朗成了他的助手。斯特朗因此很快当上了总裁助理，并在三年以前担任了行政副总裁。尼兰德十分确信，斯特朗能够轻松地接管他的工作。事实上，斯特朗很可能会比他做得更好。

在尼兰德正式向董事会宣布他的打算之前，他认为，最好还是同董事会里最亲密的老朋友先讨论一下这个问题。很多年以前，正是他的这位老朋友推荐他到这家公司的，此人还是最大的股东，也是最有影响力的股东集团代表。这位朋友赞同尼兰德提早退休的决定，却强烈反对尼兰德提名斯特朗当他的继任者。"你很清楚，"他说道，"我从来不干涉管理层的事情，因为这样做违反了我的原则。但是，如果你提议斯特朗当你的继任者，我坚决反对，并且非常重视此事。公司有一位比斯特朗更合适的候选人，她就是公司的生产副总裁玛格丽特·威瑟诺（Margaret Wetherall）。斯特朗从来没有做过任何生产性工作。他一直是一位职员，唯一的经验就是财务管理。相反，威瑟诺最初从一名设计工程师开始，当过销售经理，如今负责管理生产部已经 10 年了。她才真正了解企业。此外，斯特朗从未独当一面，他一直是你的助手，并不自己承担责任。"

尼兰德反驳说："但是，看看斯特朗所做的一切。你们都认为他的业绩非常优秀。15 年以前，我们的发展方向发生了根本性的变化，公司后来的发展壮大都归功于此，而正是斯特朗做了绝大部分的策划工作。他所做的事情远远超出财务的范围。他促进人们成长，并且把合适的人安排到适合的岗位上。正是由于他的鼓励，玛格丽特·威瑟诺才离开销售岗位转换到了生产管理部门。他是目前为止我们拥有的最出色的思想家。你自己也时常强调，他是一位勇敢而正直的人。不错，威瑟诺是一位绝对优秀的运营管理者，但是她从来不具备想象力或者思考力，而这些恰恰是继任者必须具备的东西。"

"我不赞同你的看法，约翰，"他的朋友回答说，"我们可以敞开谈，随便说。你坚决支持斯特朗，而我坚决反对他。但是，我们不应该针对人，而应该探讨首席执行官肩负的职能和工作职责。我想在这一点上我们是有分歧的。我们都一致认同这两人的个人品质。你为什么不回去思考一下，公司的首席执行官要做什么？他的责任是什么？职能是什么？担负这项工作需要具备哪些资质？我也会思考这些问题。我敢肯定，我们要么不能达成一致，要么对候选人达成共识。但是，至少在我们思考完这些问题之后，我们能够找到产生分歧的原因。在同董事会成员讨论此事的时候，希望我们的看法能够统一。"

问题

你认为约翰·尼兰德理解的首席执行官的职能是什么？他的朋友又是如何看待这项工作的？顺便说说，你认为他的朋友提议首先对首席执行官的职能有个明确的认识是正确的吗？或者，你是否认为，一开始就有一位或多位杰出的候选人，然后再让工作去适应这个人的个性和工作方式，会更好一些？

CASE 49 | 案例 49

德鲁克的学校改革思想[一]

1939~2005 年的 65 年时间里,彼得·德鲁克出版了许多书籍,发表了大量文章,内容涵盖企业和组织领导的方方面面。但是,德鲁克也写了很多关于教育问题和如何解决这些问题的著作。关于教育,我们有三个一开始就要问清楚的综合性问题,它们都和德鲁克的研究有关。这些问题是:

- 关于如何改革全美国的教育,而不是仅仅培训少数几位教师,彼得·德鲁克有何良策?
- 他的良策都包含在以下讨论中而没有任何遗漏吗?
- 或者,假如德鲁克没有关于教育改革的良策,那么谁有呢?

[一] This case has been adapted by permission from a working paper prepared by Kenneth G. Wilson and Constance K. Barsky, "Learning by Redesign," the Ohio State University, October 10, 2006. Kenneth G. Wilson received the Nobel Prize in Physics in 1982.

我们对德鲁克优秀思想的认识

德鲁克 1985 年出版的《创新与企业家精神》㊀一书,列举了一些关于教育的参考文献,这对计划周详的新创企业而言是一个学习机会。举一个例子,德鲁克写道,"也许,企业家办学的时机已经来临,它根据的是我们对学习的认识,而不是老太太们代代相传的陈腐观念"。在第 3~9 章,他为创新提供了相当多的"源头"。在第 16~19 章,他提供了大量可供创业家选择的"企业战略"。在《管理》㊁一书的第 36 章和第 37 章,他总结了创新的源泉和企业家战略。

《创新与企业家精神》一书内容丰富,从适合所有改革话题的一些主要概念到德鲁克抛出却没有进一步深入阐发的许多"俏皮话",无所不及。我们将回顾我们在本书中发现的德鲁克最优秀的五个教育思想,同时以此为背景提出五个更深入的教育问题供大家讨论,并给出我们自己尚不够成熟的答案,欢迎各位批评指正。最后,我们将回到本案例开篇提出的三个问题。

德鲁克的第一个思想:资源

在《创新与企业家精神》一书中,德鲁克定义了什么是"资源"。他解释说,"(创新)是赋予资源以创造财富的新能力的行为。事实上,创新本身创造了资源。最初是没有资源这个东西的,直到人类在自然界中发

㊀ 该书中文版已由机械工业出版社出版。——译者注
㊁ 该书中文版已由机械工业出版社出版。——译者注

现了某种东西的用途，并赋予它经济价值，这个东西才成为资源。在此之前，每种植物都只是一棵杂草，每种矿石还仅仅是另外一种石头而已。就在一个世纪以前，不管是埋在地下的石油、矾土还是铝矿石，都不是资源。"他继续解释说，"在社会和经济领域，情况亦是如此。在经济领域中，没有什么是比'购买力'（purchasing power）更重要的资源了。但购买力是企业家创新的结果。"然后，他指出，"真正使全民教育得以普及的，是毫不起眼的创新——教科书，它们的作用超过了人们对教育价值的普遍承诺、教育学院对教师的系统化培训，以及教育学理论。"他声称，比起没有教科书的老师，有教科书的老师能成功地教会更多的学生。我们的第一个问题就是关于教育资源的：

1. 教育中的哪些资源是现成可用的，正等待被赋予"创造财富的能力"？

简要地说，我们的回答就是学生，他们占学校人口的80%或者更多，是最有前途但目前尚开发不足的资源。⊖

德鲁克的第二个思想：变革是创新的第二源泉

我们列举的又一个主要概念是德鲁克对变革的定义。他认为，变革是创新性机遇的源泉。他用斜体字写道：**"系统的创新存在于有目的、有组织地寻找变革的过程中，变革可能会带来经济创新或社会创新的机遇，**

⊖ 关于学生能做什么有两种不同的观点，Cary Cherniss, 2006, *School Change and the MicroSociety Program*, Thousand Oaks, CA: Corwin Press, and especially, Louis V. Gerstner, Jr., et al 1994, *Reinventing Education: Entrepreneurship in America's Public Schools*, New York: Dutton Group, pp. 244-245.

系统的创新也存在于对这些机遇进行系统分析的过程中。"

在第3~9章，他对"变革"的概念做了更具体的说明，并回顾了许多不同种类的社会变革事件，它们都可以被看作"经济或社会创新的源泉"。我们的第二个问题是关于与教育改革有关的变革的，简单说就是：

2. 当前正在发生的什么变革能够为教育的重大创新提供最可靠的源泉？

目前正在发生的一项至关重要的变革是，来自与教育相关的大量研究领域的海量知识已经汇集在一起——其中之一就是来自心理学的学习理论（正如德鲁克提及的那样）。现在，已经有可能识别和产生基于知识的教育创新所需要的"被忽视知识"（missing knowledge）。此外，如果创新仅仅是需要新知识的话，那就会产生大量的意外成功和其他各种变革事件，进而降低创新原本应该具有的风险。我们之所以花费10年的时间，尽量学习所有这些研究领域的知识，就是为了能够重新认识哪些知识是今天仍然需要的，然后制订获取这些知识的初步计划，最终基于多种不同知识的集成而发起创新运动（远不止一种创新）。⊖

在《创新与企业家精神》一书里，德鲁克介绍了他自己综合运用现有的知识和自己创造的知识进行创新的成功案例：

我本人在20世纪40年代初期成功地成为一名管理领域的创新者，

⊖ 我们无法展开讨论这个短案例中所涉及的所有知识，只能列出一个如何利用这些知识的计划，但是我们注意到以坚实的教育研究为基础的评估在对正在经历起步阶段的新型美国学校的评估过程中的关键作用。该项评估是商务领域的领袖在前任总统老布什的命令下于1991年建立的。e.g., Mark Berends, Susan J. Bodilly, and Sheila Nataraj Kirby, 2002, *Facing the Challenges of Whole school Reform: New American Schools After a Decade*, Santa Monica, CA: Rand Corporation.

也是基于同样的分析。创新所要求的许多种知识当时已经存在,比如组织理论,而且还有大量关于管理工作和工人方面的知识。然而,我的分析结果显示,这些知识都过于零散,而且分属于许多不同的学科。然后,我找到了欠缺的关键知识——企业的目的;高层管理者的工作和结构方面的知识;我们现在所称的"企业政策"和"战略"以及目标,等等。我确信所有这些缺乏的知识均可以发展出来。但是,如果没有这样的分析,我可能永远都不会知道它们是什么知识,或者它们就是我欠缺的知识。

下面一系列问题基于德鲁克的三个更特别的思想。让我们先回顾这些思想,然后再提出问题。

德鲁克的第三个思想:意外的成功

德鲁克明确表示,有些创新源泉应该很轻易得到,相反,有一种创新源泉是非常难得的。举例来说,他讨论的第一种相对容易的创新源泉就是"意外的成功"。

没有哪一种源泉能够比意外的成功提供更多的成功创新的机遇。而且,它提供的创新机遇风险最小,求索的过程也最不艰辛。但是,意外的成功几乎完全被忽视。更糟糕的是,管理人员往往积极地将其拒之门外。

德鲁克继续讲述一些案例,案例中的一些管理者拒绝了企业内部的意外成功,而其他的管理者却获得了重要市场,因为他们利用了意外成功。但是,他也强调,利用意外成功需要付出相当多的努力。

管理者必须带着问题看待每个意外的成功。

- 如果我们利用它，对我们有何意义？
- 它会引导我们走向何处？
- 我们如何做才能使它转化为机遇？
- 我们如何着手进行？

此外，德鲁克写道，"意外的成功是一个机遇，但它也有它的要求。它要求人们慎重地对待它。它要求配备最优秀的、最有能力的人才，而不是我们多出来的随随便便的人员。它要求管理层给予和机遇的大小相匹配的关注与支持。这种机遇是值得严肃考虑的。"管理层实际必须要做的这些事情，对我们而言听起来既不容易也不简单。此外，在教育案例中，我们发现，不难举出意外成功的例子。这些例子可以是显而易见的，比如极其优秀的老师为她的学生们解答疑惑。但是，我们必须争论的问题（十分简单的问题）是，单个极其优秀的老师不能代替美国的 300 万名老师，当前的 4000 万名美国学生的教育还有赖于他们。㊀

德鲁克的第四个思想：新知识是创新的源泉

德鲁克还讨论了一种创新源泉，即新知识，它的特征很难描绘，在

㊀ 我们花了很长时间才意识到对全美所有学校进行实质性的改革是一件多么困难的事。我们是在得到实质性的帮助后才意识到这一点的，而我们也注意到在此之前已经有一些书籍的作者意识到了这一问题的艰巨性，这些书籍包括：Seymour Sarason, 1990, *The Predictable Failure of Education Reform: Can We Change Course Before It Is Too Late?*, San Francisco: Jossey-Bass; and two books that form a series: Per Dalin, and Val D. Rust, *Towards Schooling for the 21st Century*, New York: Cassell; and Per Dalin, *School Development: Theories and Strategies*, New York: Cassell. Per Dalin acknowledges the profound influence on him of Matthew Miles, who recognized the challenges of education reform long ago.

书里的第 9 章专门讨论了这个问题。基于知识的创新"捉摸不定，多变而且难以驾驭"。更复杂的是，"在所有创新中，基于知识的创新需要的时间最长"——至少在教育领域是这样。

- 首先，新知识从出现到应用在技术上的时间间隔很长。
- 其次，新技术转变为市场上的产品、工艺或者服务又需要很长的时间。
- （他接着说道）知识变成可应用的技术并在市场上开始被人们接受的间隔时间是 25～35 年。

因此，当谈及教育时，德鲁克指出，目前正应当把追求新知识，作为一种教育创新的源泉。他写道："今天，我们在学习理论上，经历了同样长的时间间隔。德国人威廉·冯特（Wilhelm Wundt）和美国人威廉·詹姆斯（William James）在 1890 年前后，开始对学习进行科学研究。第二次世界大战以后，两名来自哈佛大学的美国人，B. F. 斯金纳（B. F. Skinner）和杰罗姆·布鲁纳（Jerome Bruner），提出并验证了学习的基本理论。斯金纳专于行为，而布鲁纳专于认知。只是到了现在，学习理论才开始成为我们学校的一个组成要素。"德鲁克接着解释说，基于知识的创新还要面对另外一道难题。有一个前提条件必须满足，否则，"基于知识的创新就会早产，并会失败。"为了理解他所指的先决条件，不得不阅读《创新与企业家精神》一书的具体内容，由于篇幅太长，这里就不便引用了。但是，那几页的话题是他所谓的"知识"，是基于知识的创新所必需的。

德鲁克的第五个思想：创新源泉大融合

尽管进行基于知识的创新困难重重，德鲁克还是写道，"但是，如果把作为创新源泉的新知识和前面论述的其他创新源泉、偶发事件、不相容事件、特别是程序需要等融合在一起，即使是高科技创新的风险也可以大大降低。"

根据刚刚回顾的德鲁克的最后三种思想，我们另外还有三个问题：

- 德鲁克认为，基于知识的教育创新时机已经来临，他的看法正确吗？
- 如果他是正确的，策划和实施这样一次创新会遇到哪些困难？
- 是不是难度太大，甚至比攀登珠穆朗玛峰还要困难？

对于问题1，正如前面指出的那样，我们的回答是肯定的，时机已经来临。对于问题2，尽管所有的意外成功也许都会来临，人们可以耐心等待，但是，我们必须指出，创新是特别困难的，而且是很耗费时间的。对于问题3，把它比喻成攀登珠穆朗玛峰是恰当的，甚至还可能低估它了。

五个问题小结

作为总结，我们现在准确给出我们的五个问题，并给出我们建议的答案。

1. 教育中的哪些资源是现成可用的，正等待被赋予"创造财富的能力"？ 简要地说，我们的回答就是学生，他们占学校人口的80%或者更多，是最有前途但目前尚开发不足的资源。

2. 当前正在发生的什么变革能够为教育的重大创新提供最可靠的源泉？已经有可能识别和产生基于知识的教育创新所需要的"被忽视知识"。此外，如果创新仅仅是需要新知识的话，那就会产生大量的意外成功和其他各种变革事件，进而降低创新原本应该具有的风险。

3. 德鲁克认为，基于知识的教育创新时机已经来临，他的看法正确吗？是的，时机已经来临。

4. 如果他是正确的，策划和实施这样一次创新会遇到哪些困难？是的，创新是特别困难的，而且是很耗费时间的。

5. 是不是难度太大，以至于我们应该把它比喻成攀登珠穆朗玛峰？是的，这个比喻是恰当的，甚至还可能低估它了。

开篇的三个有关德鲁克的问题

我们回到刚开始提出的三个问题。

- 关于如何改革全美国的教育，而不是仅仅培训少数几位教师，彼得·德鲁克有何良策？
- 他的良策都包含在上述讨论中而没有任何遗漏吗？
- 或者，假如德鲁克没有关于教育改革的良策，那么谁有呢？

在长达10年对德鲁克知识创新思想的研究工作中，我们研究了上千册从各种不同角度写的著作，但是，我们没有发现任何堪与德鲁克的思想媲美的东西，能够向整个教育改革发起挑战。在德鲁克的著作里，我们也没有发现任何东西可以让我们在探寻知识创新所需要的各种知识的艰辛历程中可以走捷径。从我们读到或者理解的有关教育改革的观点来看，我们认为，到目前为止，德鲁克拥有关于全美国教育改革的最好思想。

但是，我们也知道，关于整个教育改革的背景和德鲁克的全部教育思想，我们拥有的知识其实是非常有限的。因此，我们必须声明，这些答案更多的是一种尝试性的回答，热诚欢迎读者朋友不吝赐教。

作业和问题

知识经济关键依靠的是教育，德鲁克认为，我们的教育系统需要新生和变革。根据本案例提供的背景材料、《管理》第 14 章以及你能够收集到的任何资料，分析美国的小学教育和中学教育中存在的问题。教育如何才能做到脱胎换骨和洗心革面？

CASE 50 | 案例 50

你希望人们因为什么而记住你

13岁的时候,我遇到了一位鼓舞人心的宗教老师。一天,他径直问全班每个男孩:"你希望人们因为什么而记住你?"当然,我们中没有人能够回答。于是,他轻声笑着说:"我不期望你们能够回答这个问题。但是,如果你在50岁的时候仍然不能回答这个问题,你就是在浪费你的生命。"后来,在毕业60年后我们召开了一次中学同学聚会。我们中大多数人都还健在,但是自从毕业以后,我们彼此都没有见面,最初的谈话有一点点不着边际。然后,有一个同学问道:"你们还记得皮夫里格神父和他的那个问题吗?"我们想起来了。每个人都说那个问题对自己关系重大,尽管他们是到了40几岁才真正理解了它的含义。

在25岁的时候,我们中的一些人开始尝试回答这个问题。但总的来说,答案都很愚蠢。约瑟夫·熊彼特,20世纪最著名的经济学家之一,在25岁的时候声称,他想让人们记住,他是欧洲最优秀的马术师、欧洲最了不起的情人、伟大的经济学家。当他 60 岁临终之前再次被问及这个问题时，他不再谈论马术和女人。他说，他想成为最先向人们预言通货膨胀危险的人。那就是他想被人们记住的地方。那个问题改变了他的一生，即使他在 25 岁时给出的答案还相当蠢，即使对一个 25 岁的年轻人来说也是如此。

我也一直在问这个问题：你希望人们因为什么而记住你？这个问题劝导你重新开始塑造自己，因为它促使你把自己看作一个不同于本来的你的人——一个你可以"变成"的人。如果你很幸运，某个具有道义责任的人会尽早向你提出这个问题，这样你就可以在人生的长河中不断反复追问自己。

问题

你希望人们因为什么而记住你？

彼得·德鲁克全集

序号	书名	要点提示
1	工业人的未来 The Future of Industrial Man	工业社会三部曲之一，帮助读者理解工业社会的基本单元——企业及其管理的全貌
2	公司的概念 Concept of the Corporation	工业社会三部曲之一，揭示组织如何运行，它所面临的挑战、问题和遵循的基本原理
3	新社会 The New Society：The Anatomy of Industrial Order	工业社会三部曲之一，堪称一部预言，书中揭示的趋势在短短10几年都变成了现实，体现了德鲁克在管理、社会、政治、历史和心理方面的高度智慧
4	管理的实践 The Practice of Management	德鲁克因为这本书开创了管理"学科"，奠定了现代管理学之父的地位
5	已经发生的未来 Landmarks of Tomorrow：A Report on the New "Post-Modern" World	论述了"后现代"新世界的思想转变，阐述了世界面临的四个现实性挑战，关注人类存在的精神实质
6	为成果而管理 Managing for Results	探讨企业为创造经济绩效和经济成果，必须完成的经济任务
7	卓有成效的管理者 The Effective Executive	彼得·德鲁克最为畅销的一本书，谈个人管理，包含了目标管理与时间管理等决定个人是否能卓有成效的关键问题
8 ☆	不连续的时代 The Age of Discontinuity	应对社会巨变的行动纲领，德鲁克洞察未来的巅峰之作
9 ☆	面向未来的管理者 Preparing Tomorrow's Business Leaders Today	德鲁克编辑的文集，探讨商业系统和商学院五十年的结构变化，以及成为未来的商业领袖需要做哪些准备
10 ☆	技术与管理 Technology，Management and Society	从技术及其历史说起，探讨从事工作之人的问题，旨在启发人们如何努力使自己变得卓有成效
11 ☆	人与商业 Men，Ideas，and Politics	侧重商业与社会，把握根本性的商业变革、思想与行为之间的关系，在结构复杂的组织中发挥领导力
12	管理：使命、责任、实践（实践篇） Management:Tasks,Responsibilities,Practices	为管理者提供一套指引管理者实践的条理化"认知体系"
13	管理：使命、责任、实践（使命篇） Management:Tasks,Responsibilities,Practices	
14	管理：使命、责任、实践（责任篇） Management:Tasks,Responsibilities,Practices	
15	养老金革命 The Pension Fund Revolution	探讨人口老龄化社会下，养老金革命给美国经济带来的影响
16	人与绩效：德鲁克论管理精华 People and Performance: The Best of Peter Drucker on Management	广义文化背景中，管理复杂而又不断变化的维度与任务，提出了诸多开创性意见
17 ☆	认识管理 An Introductory View of Management	德鲁克写给步入管理殿堂者的通识入门书
18	德鲁克经典管理案例解析（纪念版） Management Cases(Revised Edition)	提出管理中10个经典场景，将管理原理应用于实践

彼得·德鲁克全集

序号	书名	要点提示
19	旁观者：管理大师德鲁克回忆录 Adventures of a Bystander	德鲁克回忆录
20	动荡时代的管理 Managing in Turbulent Times	在动荡的商业环境中，高管理层、中级管理层和一线主管应该做什么
21 ☆	迈向经济新纪元 Toward the Next Economics and Other Essays	社会动态变化及其对企业等组织机构的影响
22 ☆	时代变局中的管理者 The Changing World of the Executive	管理者的角色内涵的变化、他们的任务和使命、面临的问题和机遇以及他们的发展趋势
23	最后的完美世界 The Last of All Possible Worlds	德鲁克生平仅著两部小说之一
24	行善的诱惑 The Temptation to Do Good	德鲁克生平仅著两部小说之一
25	创新与企业家精神 Innovation and Entrepreneurship:Practice and Principles	探讨创新的原则，使创新成为提升绩效的利器
26	管理前沿 The Frontiers of Management	德鲁克对未来企业成功经营策略和方法的预测
27	管理新现实 The New Realities	理解世界政治、政府、经济、信息技术和商业的必读之作
28	非营利组织的管理 Managing the Non-Profit Organization	探讨非营利组织如何实现社会价值
29	管理未来 Managing for the Future:The 1990s and Beyond	解决经理人身边的经济、人、管理、组织等企业内外的具体问题
30 ☆	生态愿景 The Ecological Vision	对个人与社会关系的探讨，对经济、技术、艺术的审视等
31 ☆	知识社会 Post-Capitalist Society	探索与分析了我们如何从一个基于资本、土地和劳动力的社会，转向一个以知识作为主要资源、以组织作为核心结构的社会
32	巨变时代的管理 Managing in a Time of Great Change	德鲁克探讨变革时代的管理与管理者、组织面临的变革与挑战、世界区域经济的力量和趋势分析、政府及社会管理的洞见
33	德鲁克看中国与日本：德鲁克对话"日本商业圣手"中内功 Drucker on Asia	明确指出了自由市场和自由企业，中日两国等所面临的挑战，个人、企业的应对方法
34	德鲁克论管理 Peter Drucker on the Profession of Management	德鲁克发表于《哈佛商业评论》的文章精心编纂，聚焦管理问题的"答案之书"
35	21世纪的管理挑战 Management Challenges for the 21st Century	德鲁克从6大方面深刻分析管理者和知识工作者个人正面临的挑战
36	德鲁克管理思想精要 The Essential Drucker	从德鲁克60年管理工作经历和作品中精心挑选、编写而成，德鲁克管理思想的精髓
37	下一个社会的管理 Managing in the Next Society	探讨管理者如何利用这些人口因素与信息革命的巨变，知识工作者的崛起等变化，将之转变成企业的机会
38	功能社会：德鲁克自选集 A Functioning society	汇集了德鲁克在社区、社会和政治结构领域的观点
39 ☆	德鲁克演讲实录 The Drucker Lectures	德鲁克60年经典演讲集锦，感悟大师思想的发展历程
40	管理（原书修订版） Management(Revised Edition)	融入了德鲁克于1974～2005年间有关管理的著述
41	卓有成效管理者的实践（纪念版） The Effective Executive in Action	一本教你做正确的事，继而实现卓有成效的日志笔记本式作品

注：序号有标记的书是新增引进翻译出版的作品

欧洲管理经典 全套精装

欧洲最有影响的管理大师
（奥）弗雷德蒙德·马利克 著

超越极限
如何通过正确的管理方式和良好的自我管理超越个人极限，敢于去尝试一些看似不可能完成的事。

转变：应对复杂新世界的思维方式
在这个巨变的时代，不学会转变，错将是你的常态，这个世界将会残酷惩罚不转变的人。

管理成就生活（原书第2版）
写给那些希望做好管理的人、希望过上高品质的生活的人。不管处在什么职位，人人都要讲管理，出效率，过好生活。

管理：技艺之精髓
帮助管理者和普通员工更加专业、更有成效地完成其职业生涯中各种极具挑战性的任务。

战略：应对复杂新世界的导航仪
制定和实施战略的系统工具，有效帮助组织明确发展方向。

公司策略与公司治理：如何进行自我管理
公司治理的工具箱，帮助企业创建自我管理的良好生态系统。

正确的公司治理:发挥公司监事会的效率应对复杂情况
基于30年的实践与研究，指导企业避免短期行为，打造后劲十足的健康企业。

读者交流QQ群：84565875